FOR
THE
BETTER
LIFE

장래를
위하여

FOR THE
BETTER LIFE

지은이　조기조
펴낸이　박재규
펴낸곳　경남대학교 출판부

개정 1쇄 인쇄　2015년 4월 6일
개정 1쇄 발행　2015년 4월 10일

주소　경남 창원시 마산합포구 경남대학로7 (월영동)
전화　055 _ 249 _ 2074
팩스　0505 _ 999 _ 2115
전자우편　ko10@kyungnam.ac.kr
홈페이지　www.kyungnam.ac.kr/press

ISBN　978 89-8421-376-0 03320

값 15,000원

for the

better

미래설계에서 특히 빼 놓을 수 없는 것은
재무 설계와 경제에 대한 관념을 갖는 것이다

장래를 위하여

조기조 지음

life

머리말

우리나라가 IMF로부터 달러를 빌려야 했던 지가 10년이 넘었다. 다른 국민들도 그랬겠지만 지난 10여년은 나에게 힘들고도 힘든 기간이었다. 새로 e-Business 학과를 만들고 정착시키기까지 지나고 보면 잠간인 것을 강의준비를 위해 새로운 공부를 하며 밤을 새워야 했고 정보기술과도 싸워서 개념을 이해하여야 했었다.

닷컴의 붐이 일어났다가 거품이 걷히고 진정 경쟁력 있는 강자만이 살아남아, 이제는 디지털시대의 경영인 e-Business에 대해 왈가왈부하는 시선도 사라졌다. 도처에서 디지털로 저장되는 사이버 세상인 세컨드 라이프를 살고 있다. 우리는 헤어 나올 수 없기에 사이버 공간에 빠져서 즐겨야 하는 것이다.

정보기술은 많은 변화를 가져 왔고 앞으로도 더 많은 변화를 갖고 올 것이다. 문제는 이 기술로 인하여 집중화 경향이 심해지고 가속화 된다는 점이다. 부의 집중화, 경제의 집중화로 빈부차가 커지고 있음을 본다. 모두가 거의 동시에 정보에 접근할 수 있음으로 누구도 반사적인 이익을 얻기가 힘이 들기 때문이다. 극소수를 제외하고는 일찍 일어나는 새처럼 많은 모이를 잡아먹기도 어렵게 되었다. 고용 없는 성장이 일어나고 있다. 올빼미처럼 밤을 새는 사람들의 생활리듬에 맞추어 비즈니스도 적응해야 한다.

이러한 변화를 보면서 세컨드 라이프를 사는, 대인관계가 부족하고 몸놀림이 서툰 젊은이들에게 보다 나은 미래를 위한 조언을 하려고 메모해 왔다. 대부분의 젊은이들이 메모하는 것이 서툴고 시간관리가 안되며 자기표현에도 서툴러, 많은 대인관계를 통한 부대낌을 필요로 한다.

특히 미래설계에서 빼 놓을 수 없는 재무 설계나 경제에 대한 관념을 심어주는 것이 필요하다고 생각하였다. 근검절약하는 것은 동서고금을 통한 진리이며 종자돈을 모아서 안정적으로 굴리며 눈덩이처럼 불어나는 재미를 맛보게 하고 싶다. 한편으로는 훌륭한 사람들의 생각이나 사는 방법을 통하여 느끼는 것이 있기를 고대하며 글을 인용해 보았다. 내가 쓴 수필도 담았는데 왜 질문을 하지 않는가? 하고 물어보는 것이다.

스스로를 채찍질하며 살아왔지만 경제적으로 기부와 자선을 하기에 넉넉하지 않아 글로 봉사를 하고 있다. 어렵고 힘들게 사는 이웃과 더불어 살기 위하여 기부와 봉사를 해야 한다. 십시일반十匙一飯으로 도우면 큰일을 해 낼 수 있는 것이다. 그런 의미로 어려운 여건에 처한 학생들이 이 책으로 공부를 하며 이 글로 용기를 얻기를 바라는 마음이다. 소년이노학난성 일촌광음불가경少年易老學難成 一寸光陰不可輕 _ 소년은 빨리 늙고 학문은 이루기 어려우니, 촌음의 시간이라도 가벼이 말라. 성년부중래 일일난재신盛年不重來 一日難再晨 _ 한창 때는 거듭 오지 아니하고 하루에 두 번의 새벽이 없다. 급시당면려 세월부대인及時當勉勵 歲月不待 _ 때가 이르면 마땅히 배움에 힘써라, 세월은 사람을 기다리지 않는다. 또한, 내가 중히 여기는 말인즉, 인개애주 아애자현人皆愛珠我愛子賢 _ 사람들은 주옥을 사랑하지만 나는 자손이 현명한 것을 사랑한다.

자료를 모아놓고 몇 년을 용기가 없어 미루다가 이제야 쫓기어 서두르고 있다. 이 책에 다 담지 못한 글은 홈페이지를 통하여 전달하고자 한다. 여러분의 많은 지적과 격려를 바라며, http://www.utahkorean.com의 칼럼 메뉴에서 칼럼을 읽어 주시기를 부탁드린다.

2008년 맹하

저자 曺基祚

개정판 머리말

7년 만에 이 책의 개정판을 낸다. 게으른 탓도 있지만 주저했기 때문이다. 대학에 상아탑이란 말이 사라진지는 오래되었고 개천에서 용 나는 일도 어렵게 되었다. 그래서 대학은 상아탑도 등용문도 아닌가? 취업률로 대학을 평가하는 것에 회의를 느끼면서, 일자리가 늘어나면 저절로 해결될 일을 동료들보다 먼저 일자리를 잡으라고 취업을 위한 요령이나 가르쳐야 하는가 하는 부담을 지고 왔다.

일본을 보면 부동산의 거품이 빠지고 장기간 경제가 침체하면서 사회문제가 심각한 것을 볼 수 있다. 베이비부머들인 단카이 세대가 은퇴를 하자 연금과 복지비 부담이 정부를 압박한다. 의료기술의 발전과 나아진 환경 여건으로 장수하게 되자 초고령화 사회가 되어 노후를 걱정하는 노인들이 소비를 줄인다. 따라서 내수가 줄어드는 것이다. 기업은 내수가 줄어들자 채용을 줄이거나 비정규직을 선호하고 젊은이들은 일자리를 찾기 어렵다. 자연이 결혼도 출산도 줄어든다. 또 다른 사회문제를 낳는다.

우리나라도 베이비부머들이 은퇴한다. 이들은 저축이나 연금 등 노후대비가 부족하다. 2018년의 인구절벽은 사회가 급격히 불안해 지는 변곡점이다. 이를 알고도 속수무책인가 생각하니 안타깝다. 중국이 우리 기술력과 차이가 없고 낮은 인건비로 경쟁력을 갖추는데도 우리나라의 중소기업은 일꾼을 구하지 못해서 외국인 노동자를 써야하고 뿌리산업은 후계자가 없어 고사할 지경이다. 사면초가다. 아이디어를 짜라, 창업을 해라 하고 독려하지만 기본에 충실하지 않고는 그 성과가 클 수 없을 것이다.

정보통신 기술은 생활을 나날이 바꾸어 놓는다. 모든 기기들이 인터넷으로 소통하게 되는 사물 인터넷 시대가 무르익는다. 가전제품, 자동차, 공장의 기계, CCTV와 스마트폰이 서로 소통할 것이다. 게다가 로봇까지. 스마트폰은 버튼만 누르면 알라딘의 마술램프처럼 문제를 해결해 줄 것이다. 그런데 문제는 돈이다. 대출을 부추기는 매체, 소비를 유혹하는 광고, 넘쳐나는 게임과 음란물, 버튼 한번으로 외상을 지불하는 핀 테크. 어지간해서는 냉정하기가 어렵다.

우리 인간은 아날로그의 세계에 산다. 아날로그 현상을 벗어 날 수도 없다. 5감으로 느끼는 모든 것이 아날로그다. 기기가 아날로그를 디지털로 바꾸어 저장해 주고 그것을 다시 아날로그로 바꾸어 보여주고 들려주는 것이다. 단지 디지털을 빌리고 이용할 뿐이다. 디지털은 보조에 지나지 않는다. 걷고 움직이고 땀 흘려야 건강해 지고 꼭꼭 씹어야 음식 맛을 알고 소화가 된다. 공부에도 왕도가 없을 것이다. 아날로그의 5감 기능을 퇴화시키지 말고 잘 활용하자. 그래서 전자매체도 필요하지만 종이 신문을 보고 종이책을 보고 공책에 편지지에 써 보는 것이 중요하다.

1만 시간의 법칙은 누구라도 1만 시간을 연습하면 그 분야의 전문가 수준에 이른다는 것이다. 누구에게나 꼭 같이 주어진 24시간을 얼마나 효율적으로 사용하느냐에 따라 삶의 질은 달라진다. 재능을 알고 그 분야에 집중하며 메모를 잘하고 시간을 잘 활용하는 것은 보다나은 미래를 향한 지름길이다. 훌륭한 사람들은 남달랐다. 그들의 모습을 보고 보다 나은 인생을 위해 이 책의 어느 한 부분이라도 도움이 되기를 바란다.

2015년 봄, 월영언덕에서

저자 曺基祚

차례

머리말

PART I Food for Thought

chapter 1. What do I want to Be?

01. Learning about You _ 13
02. Learning Personality Elements _ 14
03. Personality and Learning _ 18
04. Discover Your Learning Personality _ 26
05. Conclusion _ 28
06. Activity - Homework _ 29

chapter 2. Note Taking

01. Note Taking System _ 31
02. Tips to Good Note _ 40

chapter 3. Time Management • 44

PART II Wealth Management

chapter 4. Personal Finances

01. Personal Budgeting _ 61
02. Should I Consolidate My Debts? _ 62
03. Personal Budgeting _ 66
04. Lords of Debt _ 72

chapter 5. Stock Market

01. A Simple Example: Determining Value _ 77
02. A Simple Example: Selling Shares _ 78
03. A Stock Exchange _ 81

04. Corporations _ 83
05. Shareholders _ 85
06. Stock Prices _ 87
07. Exchanges and Brokers _ 91
08. Conclusion _ 93

chapter 6. 25 Rules to Grow Rich By • 94

PART Ⅲ New Technologies

chapter 7. How I Work? • 115

chapter 8. Warriors of the Net • 122

chapter 9. Information Technologies
01. Top Technologies of 2005 _ 130
02. Emerging Technologies _ 135
03. Technologies Added in 2006 _ 137
04. Technologies Added in 2007 _ 139
05. Top Technologies of 2015 _ 141

PART Ⅳ What I've Taught

chapter 10. Interviewing • 155

chapter 11. Giving Effective Oral Presentations • 165
01. Categories of Presentations _ 167
02. Planning _ 168

03. Format _ 169
04. Delivery _ 179
05. Presentation tips _ 195
06. Group Presentations _ 204
07. Conclusion _ 205

chapter 12. Why Not? • 207

chapter 13. Stay Foolish, Stay Hungry • 212

학습을 하는 대부분의 수단은 언어에 의한 전달이다

PART 1

Food for Thought

01. What do I want to be?

02. Note Taking

03. Time Management

CHAPTER 01

WHAT DO I WANT TO BE?

학습목표

이 장에서는 우리의 재능이 어떠한지를 알고 재능과 소질에 맞는 분야로 나아가는 것이 중요하다는 것을 말합니다. 우리는 하고 싶은 일을 하며 살아야 합니다. 직업에 귀천이 없고 인생은 길지 않은데 하고 싶은 일을 하는 것은 중요합니다. 그러나 현실에는 상당한 괴리가 있습니다. 만약 어떤 과목이 힘들고 하기 싫다면 거기에 쏟아야 하는 많은 노력대신 다른 잘 할 수 있고 즐겁게 할 수 있는 일에 매진하는 것도 한 방법이라는 것입니다.

학습을 하는 대부분의 수단은 언어에 의한 전달입니다. 언어적 능력이 부족한 사람은 언어 때문에 다른 능력을 계발시키는데 불리할 수 있습니다. 여러분은 자신의 능력과 소질을 알고 자신이 진정으로 원하는 것이 무엇인지도 알아보세요.

1. LEARNING ABOUT YOU

All of us in this world are different in one way or another. There is something that makes us different from each other. Some students have an easy time learning a certain subject and other students have a difficult time learning the same subject. What about you? Is there something that has been rather easy for you to learn? Why do you think that is easy to learn?

이 세상에 있는 우리들 모두는 어떤 면에서든지 다른 점이 있다. 서로를 다르게 하는 어떤 요소가 있다. 어떤 주제를 쉽게 이해하는 학생들이 있는 반면 같은 내용을 받아들이는데 더딘 학생들도 있다. 당신은 어떤가요? 당신이 쉽게 받아들인 것이 있다면 어떤 것입니까?

There are two main reasons why something may be easier to learn than something else. One, it could be something that we are interested in. If we have interest in something we are able to concentrate longer and inversely able to potentially remember more. Another reason is that our brains are just genetically adjusted toward that subject or learning material.

어떤 것을 다른 것보다 쉽게 배울 수 있는 이유는 두 가지가 있다. 첫째는 우리가 관심을 가진 주제라면 쉽게 배울 수 있다. 만약, 우리가 어떤 주제에 관심이 있다면 더 오래 집중할 수 있고 거꾸로 장차 더 잘 기억할 수 있을 것이다. 다른 이유는 우리의 두뇌가 그 주제나 학습 자료에 유전적으로 잘 적응한다는 것이다.

From http://www.motivation-tools.com/youth/learning_personality.htm
Website they describe this phenomenon quite clearly.

2. LEARNING PERSONALITY ELEMENTS

Natural Talent - Our learning personality is built around a strong natural talent, intellectual, artistic, technical, or dexterous. Everyone has at least one strong talent, with other talents varying in intensity. Some fortunate people may have more than one. A person with strong intellectual talent usually has weak technical talent. A person with a strong technical talent usually has a weak intellectual talent. Our strong natural talent is the base from which we can build and become a super achiever. The problem is, recognizing what that talent is. Most non- intellectuals don't discover their natural talent until they stumble unto opportunity by accident and many never find it. Society offers help for intellectuals only.

●● **천부적 재능:** 우리의 학습 성향은 강한 천부적 재능 즉 지적, 예술적, 기술적 혹은 기능적 재능을 중심으로 형성된다. 모든 사람은 적어도 하나의 강한 재능을 지니고 있는데 이것은 강렬함에 있어서 다른 재능들과는 다르다. 어떤 운이 좋은 사람들은 하나 이상의 재능을 가지기도 한다. 강한 지적 재능을 가진 사람은 대개 기술적 재능에서는 약하다. 강한 기술적 재능을 가진 사람은 보통 지적 재능면에서 약하다. 강한 천부적 재능은 최고의 성공자가 되고 최고의 성공자를 만들 수 있는 기초가 된다. 문제는 그 재능이 무엇인지를 알아내는 것이다. 대부분의 비지식인들은 우연히 기회를 만나서야 비로소 그들의 천부적 재능을 발견하고 많은 사람들은 그 재능을 결코 발견하지 못한다. 사회는 오직 지식인들에게만 도움을 제공한다.

PERSONAL INTEREST

Teenagers are searching for what turns them on. For some, this is next to impossible because relatives, friends and society are pressuring them to accept what they think their interest should be. A teenager, not knowing what motivates him and under pressure to accept others' opinions, rebels. In this conflict, it is next to impossible to learn what one's natural talent and interest are.

●● 개인적 관심 – 청소년들은 자신을 즐겁게 하는 것을 찾고 있다. 많은 사람들에게 이것은 불가능에 가까운데 그 이유는 친척들이나 친구 그리고 사회가 관심을 가져야 한다고 생각하는 것을 받아들이도록 압력을 가하고 있기 때문이다. 어떤 청소년은 자신에게 동기를 부여하는 것이 무엇인지도 모르고 다른 사람들의 지론을 받아들이도록 강요당하면 반항한다. 이러한 갈등 속에서 자신의 천부적 재능과 관심이 무엇인지를 아는 것은 불가능에 가깝다.

Parents in particular, have an image of the ideal for their child and many teens have interest that are contrary. A mild manner teen will bow to parents' wishes and pursue a career that is out of harmony with their learning personality. The results, productivity will be well below capabilities. A strong willed teen will take control, reject parents advice, strike out on their own, and do what they feel is right. If they discover their learning personality, they will build a career that goes beyond their wildest dreams. Parents who recognize their teens natural learning personality and work with them to develop it, usually become very successful at an early age. This includes allowing their teen to drop out of school, if needed, and support their interest and ambition with opportunity.

특히, 부모들은 그들의 아이에게 이상적 모습을 가지고 있고 많은 청소년들은 상반된 관심을 가지고 있다. 온순한 태도의 청소년은 부모의 바람에 굴복하여 그들의 학습 성향과는 맞지 않는 일을 추구할 것이다. 그 결과 생산성은 그들의 능력에 훨씬 못 미칠 것이다. 강한 의지의 청소년은 부모의 조언을 제어하거나 거부하고 독립하여 새로운 길을 가기 시작하고 그들이 옳다고 느끼는 것을 한다. 만약 그들이 자신의 학습 성향을 발견한다면 그들의 무모한 꿈을 넘어서는 성과를 거둘 것이다. 자신의 아이들이 타고난 학습 성향을 알고 그들과 함께 그것을 개발하려고 노력하는 부모들은 대개 젊은 나이에 매우 성공한다. 이것은 필요하다면 그들의 자녀가 학교를 그만두도록 허락하는 것을 포함하고 기회가 있는 그들의 관심과 야망을 지원한다.

CURRENT OPPORTUNITY

Opportunity is the only way anyone can discover their natural talent and personal interest. Project based education increases opportunity for self-discovery. Opportunity is a powerful motivating tool. Motivated people will find ways to acquire knowledge without dependency on instructors. For example: Thomas Edison, the Wright Brothers', and Henry Ford were people who invented products that changed the way we live. They were also in conflict with the education system, but had the support of their parents. Their parents created the opportunity for them to learn on their own. As a result, these inventors developed a burning desire to learn and it was not on academic subjects.

현재의 기회 – 기회는 사람들이 자신의 천부적 재능과 개인적 관심을 발견할 수 있는 유일한 방법이다. 교육에 바탕을 둔 연구계획은 자기 발견을 할 기회를 증가시킨다. 기회는 강력한 동기유발 수단이다. 동기가 부여된 사람들은 교사에 의존하지 않고 지식을 습득할 방법을 찾을 것이다. 예를 들어, '토마스 에디슨', '라이트 형제', 그리고 '헨리 포드'와 같은 사람들은 우리가 사는 방식을 변화시킨 제품들을 발명했다. 그들 또한 교육제도와 마찰이 있었지만 그들 부모의 지원을 받았다. 그들의 부모는 그들 스스로 배울 기회를 만들어 주었다. 그 결과, 이러한 발명가들은 배우고자 하는 강렬한 욕구를 계발시켰고 그것은 교과목에 있지 않았다.

Society creates opportunity for the intellectual learning personality. They are coached all the way through school to their first job. Their talent, interest, and ability are in harmony with the system. There is little or no coaching for artistic, technical and dexterous talents. Their talent is out of harmony with the system.

사회는 지적인 학습 성향을 가진 사람들을 위해서 기회를 만들어 준다. 그들은 내내 학교를 통해 그들의 첫 직장으로 지도 받는다. 그들의 재능이나 관심과 능력은 그 체제와 조화를 이룬다. 예술적, 기술적 재능과 손재주를 가진 사람들을 위해서는 지도가 거의 없거나 전혀 없다. 그들의 재능은 그 체제와 조화를 이루지 못한다.

SOCIAL ENVIRONMENT

People with an intellectual learning personality are viewed as high on the social ladder. People with a dexterity learning personality are low on the social ladder, therefore, their needs are ignored. High school students are taught, "blue-collar skills are something to avoid at all cost, and they are beneath acceptable standards." The teaching of social prejudice prevents students from discovering themselves.

사회적 환경 - 지적인 학습 성향을 가진 사람들은 사회적 지위가 높은 것으로 여겨진다. 기능적 학습 성향을 지닌 사람들은 사회적 지위가 낮다. 그러므로 그들의 요구는 무시된다. 고등학교 학생들은 육체노동자들의 기술은 꼭 피해야 할 어떤 것이고 그들은 수용할 수 있는 기준에 못 미친다고 배운다. 사회적 편견을 가르치는 것은 학생들이 그들 스스로를 발견하는 것을 막는다.

Everyone could find a productive life style if they could find a learning process with opportunity that matches their learning personality. This is extremely difficult for non-intellectuals because our society says; "everyone must first learn academics before they are allowed to seek other skills." With this policy, non-intellectuals cannot keep up with natural talented intellectuals. They are labeled failures by the education system, thereby killing their desire to learn. For many, self-fulfilling prophecy kills the last bit of ambition. It is extremely difficult to motivate people whose learning personality is out of harmony with society's preconceived standard. On the other hand, the few who are self-motivated will ignore opinions and find ways to acquire skills to achieve their ambition.

모든 사람들이 그들의 학습 성향에 맞는 기회를 가지고 학습 과정을 볼 수 있다면 생산적인 생활양식을 찾을 수 있을 것이다. 이것은 비지식인에게는 극도로 어렵다. 왜냐하면 우리의 사회는 누구나 먼저 학문을 배우고 그 다음에 다른 기술을 추구하라고 말하기 때문이다. 이러한 방침으로 비지식인들은 천부적 재능을 가진 지식인을 따라잡을 수 없다. 그들은 교육제도에 의해 실패자로 분류되고 또 배우고자 하는 욕구도 접어야 한다. 많은 사람들에게 있어 자기 충족 예언은 마지막 조각의 야망까지 잃게 한다. 사회가 미리 정한 기준에 맞지 않는 학습 성향을 지닌 사람들에게 동기를 부여하기는 매우 어렵다. 한편, 스스로 동기를 부여한 소수의 사람들은 중론을 무시하고 그들의 야망을 성취할 기술을 습득하기 위한 방법을 찾을 것이다.

3. PERSONALITY AND LEARNING

There are different ways that people learn which depends on the kind of personality that they have. Below is an explanation of some of the more popular types. Understanding how your personality effects the way that you learn will help you in developing good study habits and giving you some insight on what kind of a job you may be good at in the future.

사람들이 자신의 여러 가지 성향에 의존하여 배우는 데에는 몇 가지 다른 방법이 있다. 아래에 재미있는 몇 가지를 설명한다. 여러분의 성향이 여러분이 배우는 방법에 어떻게 영향을 주는지 이해하는 것은 여러분이 좋은 학습 습관을 개발하는 데 도움을 줄 것이고 미래에 여러분이 어떤 종류의 일을 잘 할지 통찰하게 될 것이다.

3.1 THE INTELLECTUAL LERNING PERSONALITY

All through history, intellectuals have power because they control money, politics and the education system. They influence our thinking and goals through the media, they report the news, write the laws, and control our schools that create the next generation of people to think like them. Therefore, it is a popular goal to be an intellectual and be part of the influential power structure.

모든 역사를 통해 바라볼 때, 지식인들은 권력을 가지고 있다. 왜냐하면 그들은 돈, 정치, 그리고 교육제도를 통제하기 때문이다. 그들은 매체를 통해 우리의 사고와 목표에 영향을 미치고, 뉴스를 보도하고, 법을 제정하고, 다음 세대의 사람들이 그들처럼 사고하도록 만드는 우리의 학교를 통제한다. 그러므로 지식인이 되고 영향력 있는 권력 구조의 일원이 되는 것이 인기 있는 목표이다.

Intellectuals learn through linguistics. They have the ability to express their thoughts clearly on paper. This ability is the source of power, because a piece of paper can be reproduced efficiently. Efficient communication makes it possible for one man's ideas to influence an extremely large group of people. This influence produces leaders and everyone wants to be a leader.

지식인들은 언어학을 통해 배운다. 그들은 자신의 생각을 서면에 명확하게 표현하는 능력을 가지고 있다. 이러한 능력은 권력의 원천이 된다. 왜냐하면 한 장의 종이는 효율적으로 재생산될 수 있기 때문이다. 효율적인 의사소통은 한 사람들의 생각이 매우 많은 집단의 사람들에게 영향을 미치는 것을 가능하게 한다. 이러한 영향은 지도자들을 배출하고 모든 이가 지도자가 되고 싶어 한다.

Intellectuals are naturally motivated with academic subjects. School is a pleasure, because students have opportunity to learn about subjects that are extremely interesting to them. They are motivated. In addition, pleasing their peers with high grades is also motivating.

지식인들은 학문적 주제에 자연적으로 동기를 부여 받는다. 학교는 기쁨을 주는 곳이다. 왜냐하면 학생들이 그들에게 매우 흥미로운 주제들에 관해 배울 기회를 제공해 주기 때문이다. 그들은 동기가 유발된다. 게다가 높은 성적으로 동료들의 마음에 드는 것도 동기부여가 된다.

3.2 THE ARTISTIC LEARNING PERSONALITY

Artists are visual and/or song-and-dance learners. They have the ability to view the world from an abstract perspective, via art or music. In our society, their interpretation of the world is considered entertainment. In reality, it is a source of information and a form of influence. Because artist have high visibility, their ability to influence society is right after intellectuals. For this reason, they are high on the social ladder.

예술가들은 시각적이거나 노래와 춤을 배우는 학습자이다. 그들은 미술이나 음악을 통한 추상적 견지에서 세계를 바라보는 능력을 가지고 있다. 우리 사회에서 세계에 대한 그들의 해석은 오락으로 간주된다. 실제로 그것은 정보의 원천이고 영향력의 한 형태이다. 왜냐하면 예술가들은 높은 안목을 가지고 있어서 그들이 사회에 끼치는 영향력은 지식인들 바로 다음이다. 이러한 이유로 그들은 사회적 지위가 높다.

Artists are experiential and intuitive learners. They search the inter-self for ways to express their ideas. They may or may not have interest in academics. Because they don't fully embrace academics, they are labeled failures by the intellectual world, unless they are making money.

예술가들은 경험적이고 직관적인 학습자들이다. 그들은 자신의 사상을 표현하기 위한 방법으로 내적 자아를 찾는다. 그들은 학문에 관심을 가지거나 가지지 않을 수도 있다. 그들은 완전히 학문을 포용하지 않기 때문에 그들이 돈을 벌지 않는다면 지적 세계의 실패자들로 분류된다.

Over thousands of years, the Polynesians developed education techniques through song, dance, and intuitive knowledge. They never developed a written language. In this society, people who had artistic learning personality became the leaders, because they could communicate their ideas to a large group of people. Intellectuals were at the bottom of the social ladder. With no linguistic tools, they could not communicate their ideas. People with intuitive skills, usually navigators, were high on the social ladder. They guided the dugout canoes that populated the Pacific Ocean from Hawaii to New Zealand without charts or navigation tools. Intuitive skill is a lost art in our society of materialism.

수천 년에 걸쳐 폴리네시아 사람들은 노래, 춤, 직관적 지식을 통해 교육 기법을 개발했다. 그들은 결코 문어를 개발하지 않았다. 이 사회에서는 예술적 학습 성향을 가졌던 사람들이 지도자가 되었다. 왜냐하면 그들은 자신의 사상을 많은 집단의 사람들에게 전달할 수 있었기 때문이다. 지식인들은 사회적 지위에 있어 하류층이었다. 그들은 언어적 도구가 없다면 자신의 생각을 전달할 수 없을 것이다. 직관력을 가진 사람들 즉, 대개 항해사들은 사회적 지위가 높았다. 그들은 하와이에서부터 뉴질랜드까지 태평양을 건너 사람을 이주케 했던 통나무 카누를 해도나 항해 도구도 없이 안내했다. 직관력은 우리의 물질주의 사회에서 잃어버린 기술이다.

Today's rap music is an excellent example of education through song and dance. The instructors are the artists who record the lyrics. The problem is, rap music education is under the control of artist who promotes low self-esteem. Our education system does not recognize the arts as a serious education tool. Like school craft shops, the arts are considered an extra curricular activity. To be accepted, the student must have a "C" average or better in academic subjects. This eliminates students who can benefit the most.

오늘날 랩 음악은 노래와 춤을 통한 우수한 교육의 예이다. 교사는 가사를 기록하는 예술가이다. 문제는 랩 음악 교육이 자부심을 낮추는 예술가의 통제 아래에 있다는 것이다. 우리의 교육제도는 예술을 진지한 교육 도구로 인정하지 않는다. 학교 공예방/(자동차수리센터)처럼, 예술/기술은 교과 외 활동으로 간주된다. 학생이 인정받기 위해서는 교과목에 있어 평균적으로 C 등급이나 그 이상을 받아야 한다. 이것은 다수의 사람들에게/최상의 큰 이로움을 줄 수 있는 학생들을 없앤다.

Elvis Presley was a failure in school (the intellectual world.) Accepting the belief that he had limited skills, he became a truck driver (the dexterous world.) He discovered his learning personality was music and entered the entertainment world. You know the rest. The same with Frank Sinatra. He was a failure in the intellectual world, but found success in the entertainment world. Note, that classroom environments did not help these entertainers find their career. The system did just the opposite. The system labeled them a failure and they were urged to make room for a cooperative student, someone who had a better chance at success.

'엘비스 프레슬리'는 지적 세계인 학교에서는 실패자였다. 그는 한정된 능력을 가졌다는 생각을 인정하여 기능의 세계에서 트럭 운전수가 되었다. 그는 자신의 학습 성향이 음악이라는 것을 발견해서 연예의 세계로 입문했다. 여러분은 그 뒷얘기를 안다. '프랭크 시나트라'도 마찬가지다. 그는 지적 세계에선 실패자였지만 연예계에선 성공했다. 교실환경에서는 이러한 예능인들이 자신의 직업을 찾는데 도움을 주지 못했다는 점을 주목하라. 교육제도는 정반대였다. 교육제도는 그들을 실패자로 분류했고 그들은 협력적인 학생 다시 말해 성공에서 더 나은 기회를 가졌던 누군가를 위해 자리를 양보하도록 강요당했다.

3.3 THE TECHNICAL LEARNING PERSONALITY

Technical people relate to mechanical talent and skills. They often ask questions, why, what does it do, and how it can be made to work better? They take risk and learn by trial and error. The past is history, the future holds opportunity. With this attitude, they invented the tools that change the way we live. Chuck Yeager was the first man to fly faster than the speed of sound. His technical skills pioneered the space age. Because he did not have a college education, his application for astronaut was rejected.

기술적인 사람들은 기계적 재능과 기술과 관련 있다. 그들은 왜, 무엇을 하는지, 어떻게 더 잘 작동하도록 만들 수 있을까라는 질문들을 자주 한다. 그들은 모험을 시도하고 시행착오를 통하여 배운다. 과거는 역사이고 미래는 기회를 갖고 있다. 그들은 이러한 태도로 우리가 사는 방식을 변화시킨 도구들을 발명했다. '척 이거'는 음속보다 빠르게 비행한 최초의 사람이었다. 그의 기술적 기능은 우주 시대를 개척했다. 그가 대학 교육을 받지 못했기 때문에 우주비행사가 되기 위한 지원서는 거부당했다.

Chuck Yeager was self-educated. He found opportunity because he could learn without dependency on instructors, and he succeeded as a test pilot for the same reason. If you think about it, pioneers don't have instructors. If instructors were available, leaders of technology would not be pioneers. Anyhow, the rejection of Chuck Yeager's application for astronaut also ended the age when self-educated people received recognition. Now companies and technical colleges require applicants to pass academic tests before they are allowed to develop technical skills. The problem with this is, people who are accepted are intellectuals, not technical or dexterous. People with a strong technical ability have limited academic ability. The company who hires "A" students out of technical schools ends up with intellectual employees that have limited technical ability. These students become machine operators, not skilled craftsmen. The person who would make the best skilled craftsman is collecting unemployment checks. He could not pass the academic test.

'척 이거'는 독학을 했다. 그는 교사에 의존하지 않고 배울 수 있었기 때문에 기회를 만났다. 그리고 같은 이유로 시험 조종사로서 성공했다. 여러분이 그것에 관해 생각해보면 개척자들은 교사가 없다. 교사가 있다면 기술의 지도자들은 개척자가 아닐 것이다. 어쨌든 우주 비행사가 되기 위한 '척 이거'의 지원서 거부는 독학을 한 사람들이 인정을 받는 시대를 종지부 찍었다. 현재 회사와 기술계 대학은 지원자들이 기술적 능력을 개발하는 것을 허락하기 전에 학과 시험을 거치도록 요구한다. 이것이 가진 문제는 합격한 사람들은 지식인들이지 기술자나 기능인이 아니라는 점이다. 강한 기술적 능력을 가진 사람들은 제한된 학문적 능력을 가진다. 기술계 학교에서 A등급의 학생들을 고용하는 회사는 기술적 능력에 한계가 있는 지적 고용자들을 받은 것이다. 이러한 학생들은 숙련된 장인이 아니라 기계 조작자가 되고 만다. 최고의 숙련된 장인이 된 사람은 실업 수당을 받고 있다. 그는 학문적 시험에 통과할 수 없기 때문이다.

Our society says everyone must first be an intellectual, and then they can develop other skills. What if society says, "Everyone must first be a technician first, then they can be an intellectual if they want." With technical skills, intellectuals can repair their own computer. As it is now, technicians are called when there is a computer problem.

우리 사회는 모든 사람이 우선 지식인이 되어야 하고 그리고서 다른 기술을 개발할 수 있다고 말한다. 만약 사회가 먼저 기술자가 되어야 하고 그런 다음 자신이 원한다면 지식인이 되어도 좋다고 말한다면 어떨까. 기술적 능력을 지닌 지식인들은 자신의 컴퓨터를 고칠 수 있다. 그러나 실상 컴퓨터에 문제가 있을 때 기술자들을 부른다.

Many teens do not have the opportunity to experiment with ideas, especially those living in apartments. In an environment where teens are not allowed to experiment, they will never discover their true capabilities. Home ownership by parents offers a window of opportunity and a chance to experiment, a chance to develop interest and discover capabilities. If the technical learning personality had opportunity to try ideas, they will discover their true talent. They may find they are extremely brilliant.

많은 청소년들은 착상을 실험해 볼 기회를 갖지 못한다. 특히 아파트에 사는 사람들은 더욱 그렇다. 청소년들이 실험하는 것이 허락되지 않는 환경에서 그들은 결코 자신의 진정한 능력을 발견하지 못할 것이다. 부모가 주택을 가지면 기회의 창과 실험할 기회를 제공하고 흥미를 개발하여 능력을 발견할 기회를 주게 된다. 기술적 학습 성향을 가진 학습자가 착상을 시도해 볼 기회를 가진다면 그들은 자신의 진정한 재능을 발견할 것이다. 그들은 자신이 매우 훌륭하다는 것을 발견할 수도 있다.

3.4 THE DEXTERITY LEARNING PERSONALITY

Dexterity people express themselves with objects, which require them to know "why," otherwise, the information is rejected. If they have opportunity first they will understand "why" the need for other skills and find a way to acquire them. It may not be in the classroom, but they will find alternative education methods that work for them. 'Apprentice programs' is an excellent example of opportunity first followed by training.

기능인들은 그들 스스로를 객관을 가지고 표현하는데 그것은 그들로 하여금 이유를 알도록 요구한다. 그렇지 않으면 그 정보는 거부된다. 만약 그들이 먼저 기회를 가진다면 다른 기술에 대한 필요성을 이해할 것이고 그것들을 습득할 방법을 찾을 것이다. 그것은 교실에서는 불가능 할 것이며 그들은 자신들을 위해 (적용되는) 대안적 교육방법을 찾을 것이다. 도제교육은 먼저 기술훈련부터 하는 우수한 기회의 예가 된다.

Dexterity talented people find success in the blue-collar world such as manufacturing and construction. Because dexterity skills influence a small group of people, usually one on one, they are at the bottom of the social ladder. This low status has created a shortage of skilled blue-collar workers that pay well above average wages.

기능적 재능을 가진 사람들은 제조업이나 건설과 같은 육체노동의 세계에서 성공을 거둔다. 왜냐하면 기능적 기술은 작은 집단의 사람들과 대개는 개인적으로 영향을 미친다. 그들은 사회적 지위에서 하류층이다. 이러한 낮은 지위는 평균 임금을 훨씬 웃돌게 받는 숙련된 육체노동자들의 부족을 가져왔다.

Society does not support the dexterous personality. They are out of harmony with the education system. This is obvious in high schools that consider craft shops an extra curricular activity, that require "C" average or better on academic subjects to attend. Craft shops could be a golden opportunity. The problem is, high schools focus on preparing students for college, not blue-collar jobs. What public school wants to be associated with blue-collar programs anyhow? Also, current laws force high schools to focus their curriculum on college preparation, not on manual skills. As a result, current programs cannot accommodate the dexterous learning personality. In fact, society teaches that blue-collar work is low-level ambition, something to escape from.

사회는 기능적 성향을 가진 사람을 지원하지 않는다. 그들은 교육제도와 조화를 이루지 못한다. 이것은 공예방을 교과 외 활동으로 간주하고 듣는 학과목에서 평균 C등급이나 그 이상을 요구하는 고등학교에서 보면 명백하다. 공예방은 황금 기회일 수 있다. 문제는 고등학교가 육체 노동직이 아닌 대학에 들어가려는 학생들을 준비시키는데 초점을 맞춘다는데 있다. 어떤 공립학교가 어떻게든 육체 노동직 프로그램과 관련되길 원하는가? 또한 현행법은 고등학교가 그들의 교육과정을 손기술이 아닌 대학을 가기 위한 준비에 초점을 두도록 강요한다. 그 결과 현행 프로그램은 기능적 학습 성향을 가진 학생들을 수용할 수 없다. 사실 사회는 육체 노동직이 야망이 낮고 벗어나야 할 직업이라고 가르친다.

4. DISCOVER YOUR LEARNING PERSONALITY

We all want to feel important, be considered intelligent, and be needed. To do this, we mold our interest and seek out people with similar interest. In this social group, we strive to stand out, and be accepted. We reject social environments that we know we can't compete in.

우리 모두는 중요한 존재로 느끼기를 원하고 지적인 존재로 간주되고 필요한 존재가 되길 원한다. 이것을 하기 위해서는 우리는 자신의 관심사를 틀에 맞추어 비슷한 관심을 가진 사람들을 찾게 된다. 이러한 사회 집단 내에서 우리는 굽히지 않고 인정받으려고 애쓴다. 우리는 경쟁할 수 없는 사회적 환경을 거부한다.

Many teens are exposed to criminal activity before they had a chance to discover their natural talents. Society is pressuring them to be an intellectual, which is out of harmony with their natural talents. In the classroom, they are told they are failures five times a day five days a week. This produces low self-esteem. In street gangs, active criminal behavior is considered highly intelligent. In a self-destructive environment, they develop high self-esteem.

•• 많은 청소년들이 그들의 천부적 재능을 발견할 기회를 갖기도 전에 범죄 활동에 노출된다. 사회는 그들이 지식인이 되도록 압력을 가하고 있고 그것은 그들의 천부적 재능과 맞지 않다. 교실에서 그들은 일주일에 5일, 하루에 다섯 번이나 실패자라는 말을 듣는다. 이것은 자존심을 상하게 하는 것이다. 거리의 갱단에게 있어 활발한 범죄 행위는 매우 지적으로 간주된다. 자기 파괴적 환경에서 그들은 높은 자부심을 발휘한다.

Thomas Edison's short stay in the classroom was a disaster. His mother pulled him out and gave him a workshop so he could develop his natural skills at his own pace. You know the rest of the story. What if he lived in today's type of government subsidize housing unit? Being a frustrated young man, he would turn to crime and spend his life in prison, all because he could not find his true talent, and/or, an outlet to develop it if found.

•• '토마스 에디슨'이 교실에 잠시 머물렀던 것은 재앙이었다. 그의 어머니가 그를 끌어내 연구실을 만들어 주었기에 자신의 페이스대로 천부적 능력을 발휘할 수 있었다. 나머지 이야기는 여러분도 잘 알 것이다. 만약 그가 오늘날과 같은 유형의 정부 보조 주택에 살았다면 어땠을까? 좌절한 젊은이가 되어 범죄로 빠져들고 그의 삶을 감옥에서 보낼 것이다. 이 모든 것은 그가 자신의 진정한 재능을 발견할 수 없고 발견한다 하더라도 그것을 발휘할 출구를 찾을 수 없을 것이기 때문이다.

5. CONCLUSION

We are born with a natural burning desire to learn and take risk. This is how we grow from childhood to adults. During the early years, parents have to control their child's risk taking while keeping the learning desire active. Somewhere along the way, the desire to learn and risk taking is lost. Some lose the learning desire during the early teens and others later in life. Everyone would have a love to learn and be highly productive if their learning personality was recognized and appropriate opportunity was offered.

우리는 배우고 모험을 시도하고자 하는 천성적으로 타오르는 욕망을 지니고 태어난다. 이같이 우리는 아이에서 어른으로 성장하는 것이다. 유년 시절동안 부모는 그들의 아이들이 의욕적으로 학습욕구를 유지하면서도 모험을 시도하는 것을 통제해야 한다. 그러는 도중에 (성장하면서) 어디에선가 학습과 모험에 대한 욕구를 잃는다. 일찍이 청소년기에 학습 욕구를 잃는 사람들도 있고 평생 잃지 않는 사람들도 있다. 누구라도 자신의 학습 성향을 알고 적절한 기회를 얻는다면 학습에 대한 애정을 가질 것이고 그 결과는 매우 생산적일 것이다.

POINT

- How many Thomas Edison's are in jail because they were in conflict with classroom environments and lack opportunity to develop their natural talent?
  얼마나 많은 사람들이 '토마스 에디슨'과 같이 교실환경과 충돌하고 자신의 천부적 재능을 개발할 기회가 없어 감옥에 있을까?
- Many people are in prison today because society says all teenagers must be intellectuals before they can develop their natural talent.
  오늘날 많은 사람들이 감옥에 있다. 왜냐하면 사회가 모든 청소년들은 그들의 천부적 재능을 개발할 수 있기 전에 지식인이 되어야 한다고 말하기 때문이다.
- Students, who excel, are in a learning environment that is in harmony with their natural talent.
  뛰어난 학생들은 자신의 천부적 재능에 맞는 학습 환경에 있다.
- Professionals, who excel, have a career that is in harmony with their natural talent.
  뛰어난 전문가들은 자신의 천부적 재능에 맞는 직업을 가진다.
- Discovering one's natural talent and developing it, is the key to a productive lifestyle.
  자신의 천부적 재능을 발견하고 그것을 계발하는 것은 생산적인 생활양식에 있어 관건이 된다.

By looking at the chart below, you can quickly understand why academics is just one skill needed for a successful and productive lifestyle. Also, the classroom is only one of many learning environments.

아래 차트를 보고 왜 학문이 성공적이고 생산적인 생활양식을 위해 필요한 단지 하나의 능력인지를 재빨리 이해할 수 있을 것이다. 또한 교실은 많은 학습 환경 중에서 단지 하나일 뿐임을 알게 될 것이다.

6. ACTIVITY - HOMEWORK #1

Go to this website and type in your name and other information and take this test. Answer all of the questions and find out what kind of personality you have.

이 웹사이트에 들어가서 여러분의 이름과 다른 정보를 기입하고 테스트를 받아 보세요. 모든 질문에 답변을 하고 여러분이 어떤 종류의 성향을 가지고 있는지를 발견해 보세요.

From http://www.personalitytest.net/cgi-bin/q.pl

※ 만약 이 사이트가 열리지 않으면 무시해도 됩니다. 웹 사이트는 수시로 변경될 수 있기 때문입니다.

CHAPTER 02

NOTE TAKING

학습목표

강의를 들으며 잘 정리하는 것은 대단한 요령을 필요로 한다. 분량이 많으면 요령있게 적는 것이 더욱 힘이 든다. 메모를 적을 때는 알겠지만 시간이 지나면 기억해내기 어렵다. 빨리 적는 것도 중요하지만 내용을 요약한다는 것은 많은 훈련을 필요로 한다. 이 장에서는 수범적인 사례를 소개하니 여러분의 사정에 맞게 조정이 필요할 것이다.

In a student's life, one of the most essential tools to have is the ability to take good notes. Being able to take good notes allows students to study more effectively thus being able to remember necessary information easier and doing well on exams. Do you take notes? When you take notes are you able to capture all the information that you need from a lecture? These questions need to be considered especially if you want to do well in school. Even for those students are nearing the end of their undergraduate studies learning good note taking skills can help you at work and especially if you plan to continue your education.

학창시절에 가져야 할 가장 필수적인 수단의 하나가 노트를 잘하는 능력이다. 노트를 잘 하면 학생들이 공부를 효과적으로 하게 되고 필요한 정보를 보다 쉽게 기억하게 되어 시험을 잘 치르게 될 것이다. 여러분은 노트를 합니까? 여러분이 노트를 할 때 수강 중에 필요한 모든 정보를 다 노트할 수 있습니까? 여러분이 학교생활을 잘 하려면 특히 이 질문에 많은 생각을 해 보아야 합니다. 대학의 고학년으로서 공부가 끝나가는 학생들도 노트 잘하기를 배우면 직장에서 나 대학원에 가서도 유익할 것입니다.

Note taking is a skill that a person develops to help them better understand and retain necessary information or data. There is no exact science on the best method of note taking, but there are different methods that have been presented that can choose from to use. We will be looking at some of these methods and showing you examples of each. Hopefully, you will be able to find a method that is best for you.

노트 기술은 필요한 정보나 자료를 더 잘 기억하고 이해 할 수 있도록 돕는 것입니다. 노트하는 데 최상인 과학적인 방법은 없지만 골라 쓸 만한 몇 가지 방법이 있습니다. 그 몇 가지를 보고 예를 들어 설명합니다. 여러분에게 맞는 방법이 있기를 빕어요.

Here is a link to a very well put together video that York University talks about note taking, mind mapping, and one method in particular, the Cornell method.

From https://www.youtube.com/watch?v=WtW9IyE04OQ

요크 대학의 자료가 안 보여서 유튜브의 자료를 올립니다. 자세한 설명이 있습니다.

1. NOTE TAKING SYSTEM

5 METHODS

- The Cornell Method
- The Outline Method
- The Mapping Method
- The Charting Method
- The Sentence Method

1.1 THE CORNELL METHOD

The Cornell method provides a systematic format for condensing and organizing notes without laborious recopying. After writing the notes in the main space, use the left-hand space to label each idea and detail with a key word or "cue."

코넬 방법: 힘 드는 베껴 쓰기를 할 필요 없이 필기를 요약하고 조직화하는 체계적인 형식을 제공한다. 바른편의 넓은 공간에 필기를 한 후, 왼쪽에 아이디어를 적고 핵심단어나, 어떤 단서를 자세히 적는다.

METHOD Rule your paper with a 2½inch margin on the left leaving a six-inch area on the right in which to make notes. During class, take down information in the six-inch area. When the instructor moves to a new point, skip a few lines. After class, complete phrases and sentences as much as possible. For every significant bit of information, write a cue in the left margin. To review, cover your notes with a card, leaving the cues exposed. Say the cue out loud, and then say as much as you can of the material underneath the card. When you have said as much as you can, move the card and see if what you said matches what is written. If you can say it, you know it.

공책을 좌측에 2.5인치, 우측에 6인치가 되게 줄을 긋는다. *미국의 노트는 8.5인치이다. 수업 중에 정보를 넓은 쪽에 적은 뒤 강사가 다른 주제로 옮기면 몇 줄을 넘긴다. 수업이 끝나면 기억을 살려 문장을 완성한다. 중요한 내용의 좌측에는 힌트나 단서를 적어둔다. 복습을 위해서는 공책의 오른쪽을 가리고 왼쪽만 보면서 그 내용을 크게 말해본다. 그러고 나서 말한 내용과 적은 내용이 맞는지 본다. 말할 수 있다면 안다는 것이다.

Dartmouth University has prepared a great video that describes and shows you in detail about this note taking method. Follow this link and click on the note taking video with captions button. Here is a link...

From http://www.dartmouth.edu/~acskills/videos/video_nt.html
http://www.youtube.com/watch?v=Zz3QUoMQiKQ#t=19

같은 내용이니 이 비디오를 여러 번 듣고 잘 생각해 봅니다.

ADVANTAGES It's organized and systematic for recording and reviewing notes. It's an easy format for pulling out major concept and ideas. It's simple and efficient. Saves time and effort. It's a kind of "Do-it-right-in-the- first-place system."

장점: 노트를 적고 복습하는 조직적이고 체계적인 방법이다. 주요한 개념과 아이디어를 끌어내기 쉬운 형식이다. 단순하면서도 효율적이다. 시간과 노력을 절약한다. 단번에 바르게 하는 방식이다.

DISADVANTAGES None

WHEN TO USE In any lecture situation.

1.2 THE OUTLINING METHOD

Dash or indented outlining is usually best except for some science classes such as physics or math.

물리학이나 수학 같은 과학과목을 제외하고는 대시(–)나 들여 쓰는 밑줄 긋기는 가장 좋은 방법이다.

① The information which is most general begins at the left with each more specific group of facts indented with spaces to the right.
일반적인 정보는 좌측에 적고 중요한 사실은 오른쪽으로 들여 적는다.

② The relationships between the different parts are carried out through indenting.
다른 부분들 간의 관계는 들여 써서 적는다.

③ No numbers, letters, or Roman numerals are needs.
숫자, 글자, 로마숫자 등을 쓸 필요가 없다.

METHOD Listening and then write in points in an organized pattern based on space indention. Place major points farthest to the left. Indent each more specific point to the right. Levels of importance will be indicated by distance away from the major point. Indention can be as simple as or as complex as labeling the indentions with Roman numerals or decimals. Markings are not necessary as space relationships will indicate the major/minor points.

듣고 나서 요점을 들여쓰기라는 조직화된 방법으로 적는다. 주요한 내용을 가장 왼쪽에 적고 보다 특수한 내용을 우측으로 들여 적는다. 중요한 정도는 얼마나 오른쪽에 적는가 하는 것이다. 들여쓰기는 로마자나 숫자로 표기하는 것보다 더 간단하거나 그 정도이다. 얼마나 들여 쓰느냐에 따라 중요부분과 아닌 부분이 구별되므로 다른 표시는 필요하지 않다.

ADVANTAGES Well-organized system if done right. Outlining gives the ability of recording content as well as relationships. It also reduces editing and is easy to review by turning main points into questions.

장점: 제대로 한다면 잘 조직된 방법이다. 윤곽을 보임으로서 내용의 관계뿐만 아니라 기록능력도 향상시킨다. 또한 편집(수정)할 일도 적고 요점을 질문함으로써 복습하기도 쉽다.

DISADVANTAGES Requires more thought in class for accurate organization. This system may not show relationships by sequence when needed. It doesn't lend to diversity of a review attach for maximum learning and question application. This system cannot be used if the lecture is too fast.

단점: 정확하게 조직화하기 위해서는 수업 중에 많은 생각을 해야 한다. 이 방법은 필요할 때 순차적인 관계를 보여주지 못 할 수도 있다. 이 방법은 학습을 강화하기 위하여 질문을 하는 등 다양한 복습하기가 어렵다. 강의가 빠르게 진행되면 사용할 수 없다.

WHEN TO USE The outline format can be used if the lecture is presented in outline organization. This may be either deductive (regular outline) or inductive (reverse outline where minor points start building to a major point). Use this format when there is enough time in the lecture to think about and make organization decisions when they are needed. This format can be most effective when your note taking skills are super and sharp and you can handle the outlining regardless of the note taking situation.

적용시기: 윤곽형식은 강의가 개요 식으로 조직되어 진행되면 적용하기가 좋다. 이 방법은 연역적(기존의 방식)이거나 귀납적(중요하지 않은 부분에서 시작하여 중요한 부분으로 윤곽을 잡는 역순)이라도 좋다. 이 방법은 강의에 생각할 시간이 충분하거나 필요해서 조직의 의사결정을 해야 하는 경우에 적용하는 것이 좋다. 여러분의 메모 기술이 우수하고 예리하다면 어떤 상황이라도 이 방법이 효과적이다.

example

- Extrasensory perception
  _ Definition: means of perceiving without use of sense organs.
  _three kinds
  _telepathy: sending messages
  _clairvoyance: forecasting the future
  _psycho kinesis: perceiving events external to situation
  _current status
  _no current research to support or refute
  _few psychologists say impossible

1.3 THE MAPPING METHOD

Mapping is a method that uses comprehension/concentration skills and evolves in a note taking form which relates each fact or idea to every other fact or idea. Mapping is a graphic representation of the content of a lecture. It is a method that maximizes active participation, affords immediate knowledge as to its understanding, and emphasizes critical thinking.

도표화 방법 – 매핑은 각각의 사상이나 개념을 다른 사상이나 개념에 관련 지어 노트하는 방법에서 발전된 이해와 집중 기술을 쓰는 방법이다. 매핑은 강의내용을 그림으로 표현하는 것이다. 적극적인 참여를 극대화하고 즉시 지식을 이해하도록 하며 비판적인 사고를 강조하는 방법이다.

ADVANTAGES This format helps you to visually track your lecture regardless of conditions. Little thinking is needed and relationships can easily be seen. It is also easy to edit your notes by adding numbers, marks, and color coding. Review will call for you to restructure thought processes which will force you to check understanding. Review by covering lines for memory drill and relationships. Main points can be written on flash or note cards and pieced together into a table or larger structure at a later date.

장점: 이 방법은 조건에 관계없이 강의를 시각적으로 따라갈 수 있게 한다. 많은 생각을 요하지 않으며 관계를 쉽게 볼 수 있다. 수, 표시, 색을 칠하여 메모를 쉽게 편집할 수 있다. 복습을 하면 내용을 이해할 수 있도록 점검할 사고의 과정을 재구축하도록 요구한다. 적은 내용을 덮고 기억훈련을 하거나 관계 등을 검토한다. 주요 요점은 플래시나 노트카드에 적을 수 있고 나중에 쓰기 위하여 표나 보다 큰 형태로 엮을 수 있다.

DISADVANTAGES You may not hear changes in content from major points to facts.

단점: 주요 요점에서 사실에 이르기까지의 변화(과정)를 듣지 못할 수도 있다.

WHEN TO USE Use when the lecture content is heavy and well-organized. May also be used effectively when you have a guest lecturer and have no idea how the lecture is going to be presented.

적용시기: 강의내용이 무겁고 잘 조직되어 있을 경우 사용한다. 초청강사가 있고 그의 강의가 어떻게 전개될지 잘 모르는 경우에도 효과적이다.

1.4 THE CHARTING METHOD

If the lecture format is distinct (such as chronological), you may set up your paper by drawing columns and labeling appropriate headings in a table.

도표이용방법: 강의형식이 명료하면(연대순과 같이) 단(세로 칸)을 그리고 표에 적절한 제목을 붙인다.

example

EXTRASENSORY PERCEPTIONS

3 TYPES

TELEPATHY
•SENDING MESSAGES

CLAIRVOYANCE
•FORECASTING THE FUTURE

PSYCHOKINESIS
•PERCEIVING EVENTS EXTERNAL TO SITUATION

METHOD Determine the categories to be covered in lecture. Set up your paper in advance by columns headed by these categories. As you listen to the lecture, record information (words, phrases, main ideas, etc.) into the appropriate category.

방법: 강의에서 다룰 범주를 결정한다. 이 범주로 표들에 제목을 붙여 미리 강의안을 만든다. 강의를 들으면서 적절한 범주대로 정보(단어, 절, 주요한 개념 등)를 기록한다.

ADVANTAGES Helps you track conversation and dialogues where you would normally be confused and lose out on relevant content. This reduces amount of writing necessary. Provides easy review mechanism for both memorization of facts and study of comparisons and relationships.

장점: 헷갈리거나 관련 내용을 놓칠 경우 설명내용이나 대화를 추적해서 확인할 수 있다. 이것은 필요한 필기의 량을 줄인다. 사실의 기억이나 비교 또는 관련성 연구에 쉬운 방식이다.

DISADVANTAGES Few disadvantages except learning how to use the system and locating the appropriate categories. You must be able to understand what's happening in the lecture.

단점: 시스템의 이용방법과 적절한 범주를 잡는 것 말고는 별로 단점이 없다. 강의에서 일어나는 것을 이해해야 한다.

WHEN TO USE Test will focus on both facts and relationships. Contents are heavy and presented fast. You want to reduce the amount of time you spend editing and reviewing at test time. You want to get an overview of the whole course on one big paper sequence.

적용시기: 테스트는 사실과 관계에 초점을 둘 것이다. 내용은 무겁고 빠르게 설명한다. 편집과 테스트에 소요되는 시간을 줄이려고 한다. 전 과정을 하나의 큰 용지에 순서대로 보고자 할 때 이 방법을 적용한다.

example

- Chart format for a history class:

PERIOD	IMPORTANT PEOPLE	EVENTS	SIGNIFICANCE
1941–45	FOR	WWII	U.S.A
			INVOLVEMENT

1.5 THE SENTENCE METHOD

METHOD Write every new thought, fact or topic on a separate line, numbering as you progress.

문장 방법: 모든 생각, 사실이나 화제를 다른 줄에 적고 번호를 붙여 나간다.

ADVANTAGES Slightly more organized than the paragraph. It gets more or all of the information. Thinking to tract content is still limited.

장점: 문단 보다 약간 더 조직화 되었다. 보다 많거나 모든 정보를 얻게 한다. 내용에 대해 생각하는 것이 제한적이다.

DISADVANTAGES Can't determine major/minor points from the numbered sequence. Difficult to edit without having to rewrite by clustering points which are related. Difficult to review unless editing cleans up relationship.

단점: 번호가 붙은 순서로 중요한 내용과 아닌 것을 구분하는 것이 어렵다. 관련 있는 내용을 묶으려면 다시 쓰지 않고는 어렵다. 관계를 명료히 편집하지 않으면 검토하기가 어렵다.

WHEN TO USE Use when the lecture is somewhat organized, but heavy with content which comes fast. You can hear the different points, but you don't know how they fit together. The instructor tends to present in point fashion, but not in grouping such as "three related points."

적용시기: 강의가 다소 조직화되어 있으나 내용이 무겁고 빨리 진행해야 할 때 사용한다. 여러분은 다른 관점을 들을 수 있지만 서로 어떻게 어울리는지 알 수 없다. 강사는 요점만을 지적하기 쉽다.

example 1

A revolution is any occurrence that affects other aspects of life, such as economic life, social life, and so forth. Therefore revolutions cause change. (See page 29 to 30 in your text about this.)

sample note

Revolution-occurrence that affects other aspects of life: e.g., econ., socl. Etc. C.f. text, pp.29-30 example 2

Melville did not try to represent life as it really was. The language of Ahab, Starbuck, and Ishmael, for instance, was not that of real life.

sample note

Mel didn't repr. Life as was; e.g. lang. of Ahab, etc. no of real life.

example 3

At first, Freud tried conventional, physical methods of treatment such as giving baths, massages, rest cures, and similar aids. But when these failed he tried techniques of hypnosis that he had seen used by Jean-Martin Charcot. Finally, he borrowed an idea from Jean Breuer and used direct verbal communication to get an un- hypnotized patient to reveal unconscious thoughts.

sample note

Freud 1st – used phys. trtment; e.g., baths, etc. This fld. 2nd – used hypnosis (fr. Charcot) Finally – used vrb. commun. (fr. Breuer) – got unhpynop, patnt to reveal uncons. thoughts.

2. TIPS TO GOOD NOTE-TAKING AND LISTENING

메모를 잘 하고 잘 듣는 요령

2.1 TRY TO BE AN EFFECTIVE LISTENER

Avoid early judgment of the speaker, pay attention, have an interest, develop a purpose for listening to the lecture. Use your ability to think to summarize the lecture during short pauses and use it to anticipate the direction of the lecture. Above all, avoid the passive listener mentality which says you have to "get it all"; instead, listen for key ideas, main details, and transitional phrases which point to the structure and focus of the lecture.

효과적인 청취자가 되려고 노력하라.
강사를 속단하지 마라. 주의를 기울이고 강의를 듣는 목적을 개발하라. 강의의 잠깐 틈에 요약하기 위해 생각하고 강의의 방향을 예견하는 능력을 길러라. 특히, 모든 내용을 다 듣기만하는 수동적인 정신 상태를 벗어나 주요 개념을 포착하고 주요한 내용을 자세히 들으며, 강의의 초점이나 구조를 나타내는 변하는 구(句)를 잘 알아야 한다.

2.2 USE SHORT FORMS WHEN RECORDING INFORMATION

Point form phrases, abbreviations and symbols should probably be used in place of full sentences in most situations. Obvious exceptions would be when there's a definition or you don't understand or there is some indication to write something out in full.

정보를 기록할 때는 간결하게 하라.
대부분의 상황에서 전 문장을 대신하여 사용된 관용구, 생략, 기호 등을 찾아라. 정의를 하거나 여러분이 이해하지 못하는 내용, 어떤 부분을 생략하지 않고 쓴 표시가 있는 경우 등의 예외도 있다.

2.3 BE ALERT FOR BOTH VERBAL AND NON-VERBAL CUES

These indicate structure in the lecture, the relationships among ideas, and importance. These cues include transitional phrases and words, body language, voice tone and pace, repetition of ideas, and the time spent on certain subjects.

말로 하거나 않거나 간에 단서를 놓치지 마라.
이러한 것은 개념들 간의 관계, 중요성 등 강의에서 구조를 나타낸다. 이러한 단서는 변하는

구(句)와 어절, 몸짓, 목소리의 높낮이와 속도, 개념의 반복, 특정주제에 할애한 시간 등이다.

2.4 NOTES ARE TAKEN TO HAVE A PERMANENT RECORD OF THE UNDERSTANDING YOU HAVE OF THE LECTURE

This forms the basis for regular review, exam preparation, and critical thinking. It also gives an opportunity to get involved in an exchange of thoughts, an active interaction with the material.

노트는 강의에서 이해한 내용을 항구적으로 기록한 것이다.

이것은 정규적인 복습을 위한 기초와 시험 준비, 그리고 비판적인 사고를 형성한다. 이것은 또한 사고의 교환, 자료와 능동적인 상호작용을 하는 기회를 준다.

2.5 BE SELECTIVE

Take notes which reflect the interests of the professor, themes of the course, key-words or phrases on overheads or chalkboards. Choose information according to your purpose, what you want to learn, and ideas and thoughts which clarification or which need extend prior reading and learning.

취사선택하라.

교수의 관심, 강의의 주제, 칠판이나 프로젝터에 있는 주제어나 구를 반영하는 노트를 하라. 여러분이 목적한 바 – 배우고자 했던 것, 읽거나 배우기 전에 더 알고 싶어 했거나 명료히 하고자 했던 개념과 사고 – 에 따라 정보를 선택하라.

2.6 TAKES NOTES ACCORDING TO AN ORGANIZED FORMAT

The organization and relative importance of ideas should be reflected in the notes. Consider a format which promotes returning to them within the first twenty-four hours and which can be used to self-test your understanding of the material. Cornell notes and Mind Maps (mapping notes) are ideal for this purpose.

조직화된 형식에 따라 노트를 하라.

조직과 사고의 상대적 중요성은 노트에 반영되어야 한다. 첫 24시간 내에 그 노트에 되돌아오도록 촉진하고 그 자료를 이해하는지 스스로 검사하는데 사용할 수 있는 형식을 선택하라. 코넬대학의 방식과 매핑방식이 이러한 목적에 맞는다.

2.7 REVIEW YOUR NOTES REGULARLY AND CUMULATIVELY

Look for developing course themes, and relationships between the ideas of successive lectures. Doing this regular review can assist you in "seeing the big picture" and makes note-taking a task which is part of an integrated system of study.

노트를 정기적이고 누적적으로(계속해서) 복습하라.

개발과정의 주제와 연속한 강좌에서 개념들 간의 관계를 살펴보라. 이렇게 정기적으로 검토하면 큰 그림을 볼 수 있게 되고(=전체를 파악하고) 통합된 학문의 체계에서 일부가 되는 노트하는 방법을 알게 될 것이다.

Bibliography

Deese, James and Ellin K. Deese. *How To Study* (3rd ed). New York: McGraw-Hill, Inc., 1979.

Johnson, Sue. *The 4 T's: Teacher/You, Text, Talk, Test-A Systematic Approach To Learning Success.* California Polytechnic State University, San Luis Obispo

Pauk, Walter. *How To Study In College* (2nd ed). Boston: Houghton Mifflin Co., 1974.

Raygor, Alton L. and David Wark. *Systems For Study.* New York: McGraw-Hill, Inc, 1970.

CHAPTER 03

TIME MANAGEMENT

학습목표

누구에게나 공평한 것이 하루에 24시간이 주어졌다는 사실이다. 그러나 사람들은 항상 시간이 모자란다고 한다. 살아가면서 지키지 못하는 약속 중엔 시간을 지키지 못하는 것이 대부분이다. 남을 기다리게 하는 것은 실패의 첩경捷徑이다. 약속에 늦는 것은 남의 시간을 죽이는 것이다. 시간을 잘 활용하려면 요령도 필요하지만 일의 순서를 알고, 중요하고 급한 것부터 먼저 하는 것이다. 또 하나는 감당 할 수 없을 정도의 일을 맡지 않는 것이다. 미루지 않고 일을 맡은 즉시 시작하는 것도 필요할 것이다. 여러 사람들이 말하는 시간 관리의 요령을 익히고 실천해 보자.

Many of us, in our conversations to other people, always speak of having no time. Students say they have no time, because they have to study. People who have jobs say they have no time because they are busy with work. Even retired people who have no school or jobs to go to seem to be busy and have no time. What about you? Do you have time? When you get busy with a lot of work to do, how do you organize what to do first?

많은 사람들이 대화중에 시간이 없다는 말을 자주 한다. 학생들은 공부해야 하기 때문에 시간이 없다 하고, 직장이 있는 사람들은 일로 바쁘다고 한다. 은퇴해서 학교나 직장으로 가지 않는 사람들도 바쁘고 시간이 없는 것 같다. 여러분은 어떤가요? 시간 있어요? 할 일이 많아 바쁠 때 어떤 일부터 먼저 할지 정했나요?

There is not anyone in our world that has enough time to do what we want. Everyone says that they don't have any free time to do what they want. Why? Can you account for every minute of the day? What kind of work do you need to do? Do you have goals? Do you have a schedule? How do you prioritize the work that you need to do?

이 세상에 하고 싶은 일 다 할 수 있도록 충분한 시간이 있는 사람은 없다. 누구나 그렇게 말한다. 왜 그럴까? 하루의 매 시시각각을 책임질 수 있나요? 어떤 일을 해야 하나요? 목표가 있나요? 일정계획이 있나요? 여러분은 필요로 하는 일을 어떻게 우선순위를 정하는가?

The reason why I ask so many questions is to help you begin thinking about your time and how you manage it. Many people have a hard time managing their time and making sure that they get done the important work first. In addition, many people do not schedule time for relaxing activities or even spending time with our family.

내가 많은 질문을 하는 이유는 여러분이 시간에 대해 생각하고 어떻게 시간을 관리해야 하는지를 돕도록 하는 것이다. 많은 사람들이 시간 관리에 힘들어 하고 중요한 일을 먼저 하는 것도 잘 못한다. 또한, 휴식을 취하거나 가족과 함께 지내는 것도 잘 계획하지 못한다.

Today, we are going to talk about the answers to the above questions and discuss a little bit about why this is important to you. One main obvious reason why this is important is because if you don't learn effective time management skills you will be running around aimlessly trying to get everything done and probably wind up forgetting something. When a person tries to do too many things at once and is not able to accomplish everything, this is called, "spreading your self thin".

이제 위의 질문에 대한 답을 하고 왜 이것(시간관리)이 여러분에게 중요한 것인지 논의하고자 한다. 명백한 이유 중의 하나는 여러분이 효과적인 시간관리 기술을 배우지 못하면 모든 것을 다 하려고 목표 없이 방황하게 될 것이고 더러 잊어버리고 지나갈 것이다. 당장 많은 일을 하려고 하면 어느 것도 이루지 못할 것이고 이것을 "한꺼번에 모든 것을 집적거린다."라고 한다.

*미국 속담임.

GOALS

One of the first steps in learning time management is setting goals. Being able to identify and know what your long-term and short-term goals are will determine how you prioritize your work.

시간관리 배우기 1단계: 목표설정. 장단기 목표를 알면 할 일에 대한 우선순위를 정할 수 있다.

As you look at this picture of a man on top of a mountain, ask your self this question. How did he get there? The answer is quite simple. He did not just start at the top, did he? No, he started at the bottom. This mountain may have been a very high and difficult mountain for him to climb. The man first had to determine if he wanted to climb this mountain. What is your main goal? For this man his main goal was to climb the mountain. So he decided that his ultimate goal was this mountain.

정상에 있는 사람의 사진을 보면서 스스로 물어 보세요. 그는 어떻게 거기에 올랐을까? 대답은 간단하다. 그는 꼭대기에서 출발한 것이 아니고 산 밑에서 올라갔다. 산은 높고 오르기에 힘들었다. 그 사람은 먼저 스스로 산을 오르고 싶어 하는지 결정해야 했다. 여러분의 주요 목표는? 그 사람의 주요 목표는 그 산을 오르는 것이었고 그의 궁극적인 목표는 그 산이라고 결정한 것이다.

Next he had to decide how he was going to accomplish this. The man needed to make smaller goals that would help him accomplish his larger goal. How can he break his goal into small pieces? -Or- What are the steps that I need to take in order to get to my goal? When you determine these smaller goals make sure that they are manageable and somewhat easy to accomplish.

그 다음, 그는 어떻게 이 목표를 달성할 것인지 결정해야 한다. 큰 목표를 이루도록 돕는 작은 목표들이 필요하다. 어떻게 하면 큰 목표를 작은 목표로 세분할 수 있을까? 목표를 향한 단계는 어떤 것들인가?

From this example, you need to set long-term (big) goals and short-term (small) goals. Make sure that they are related and that your large term goals are really what you want.

이 예에서 우리는 장·단기 목표를 정하는 것이 필요하다. 이 목표들은 관련되어 있고 장기 목표가 진정한 목표임을 확실히 하라.

On a personal side of things, take a moment and make a list of the most important things to you in your life. After you make that list, make a list of all your long-term goals. Next ask yourself these questions:

- Are they different?
- How are they similar?
- Are they related?

잠깐 시간을 내어 여러분의 인생에서 가장 중요한 일을 열거해 보시오. 그 항목들 중에 장기 목표를 찾고 또 문의해 봅니다. 이 목표들은 서로 다른가? 아니면 얼마나 유사한가? 서로 관련이 있는가?

If you see any problems with this list, you may want to consider changing it. Remember that it is never too late to change. Make sure that you feel strong about what is important to you and that your long-term goals coincide with them. If family is important to you, don't plan on having a job that is dangerous or that will take you away from your family. Don't work in a bar if you don't like alcohol or cigarettes.

이 목록에 어떤 문제가 있다면 바꾸는 것을 고려할 것이다. 언제든지 바꿀 수 있으니 주저하지 마시오. 여러분에게 중요한 것을 진정으로 느끼고 이것을 장기 목표와 일치시키도록 해야 한다. 만약 가족이 중요하다면 위험한 직업이나 가족과 멀리 떨어져 있어야 하는 일자리를 가질 생각을 해서는 안 된다. 술, 담배를 싫어한다면 술집에서 일해서는 안 될 것이다.

PRIORITIZE

Most time management experts talk about prioritizing your work and goals. What is most important? Another thing that these experts mention is an 80/20 rule.

대부분의 시간관리 전문가들은 일과 목표에 대한 우선순위 정하기에 대해 이야기 한다. 무엇이 가장 중요한가? 이 전문가들이 언급하는 다른 것은 80/20 법칙이다.

"Use the 80~20 Rule originally stated by the Italian economist Vilfredo Pareto who noted that 80 percent of the reward comes from 20 percent of the effort. The trick to prioritizing is to isolate and identify that valuable 20 percent."

이탈리아의 경제학자 빌프레도 파레토가 20%의 노력으로 80%의 보상을 얻는다는 말에서 유래한 80/20법칙을 이용해 보자.

This is a good rule to follow when you are especially busy. If you have a lot of work to do and you are not sure if you can get it all done, make a list, pick out the most important 20% of the work, and make sure that it gets done first.

이것은 여러분이 바쁠 때 적용하기 좋은 법칙이다. 여러분이 할 일이 많고 그 모두를 다 하기 어렵다면 목록을 만들어서 가장 중요한 20%를 골라내서 그 일부터 먼저 하면 된다.

The University of Minnesota has an excellent presentation on time management. Go to this link – http://www.dartmouth.edu/~acskills/success/time.html, click on the "View the Time Management Video", then select the video with captions. This is a 17 and a half minute video clip.

링크를 따라가서 미네소타 대학의 시간 관리에 우수한 발표 자료를 보세요. 캡션을 선택하면 약 17분 정도의 비디오를 볼 수 있습니다.

http://www.dartmouth.edu/~acskills/videos/video_tm.html 바로 이 주소에 있습니다. 없으면 https://www.youtube.com/watch?v=EGsN4mkGcv8#t=267의 자료를 봅니다.

Developing time management skills is a journey that may begin with this Guide, but needs practice and other guidance along the way.

One goal is to help yourself become aware of how you use your time as one resource in organizing, prioritizing, and succeeding in your studies in the context of competing activities of friends, work, family, etc.

First: try our exercise in time management.
Go to this website – http://www.studygs.net/schedule/.
웹 사이트에 들어가서 연습을 해 봅시다.

STRATEGIES ON USING TIME:

- Develop blocks of study time
  About 50 minutes? How long does it take for you to become restless? Some learners need more frequent breaks for a variety of reasons
  More difficult material may also require more frequent breaks
- Schedule weekly reviews and updates
- Prioritize assignments
  When studying, get in the habit of beginning with the most difficult subject or task
- Develop alternative study places free from distractions
  to maximize concentration
- Got "dead time"?
  Think of using time walking, riding, etc. for studying "bits"
- Review studies and readings just before class
- Review lecture material immediately after class
  (Forgetting is greatest within 24 hours without review)
- Schedule time for critical course events
  Papers, presentations, tests, etc.

Information from University of Minnesota http://www.studygs.net/timman.htm

TRY THE UNIVERSITY OF MINNESOTA'S ASSIGNMENT CALCULATOR

Develop criteria for adjusting your schedule to meet both your academic and non-academic needs. Here is an example of the steps that you would need to take if you needed to write a report for a business class that was due on May 5 and you were to start on April 21.

위의 계산기에 접속하면 과제시작일, 과제제출일, 전공 (정확하지 않으면 유사한 전공을 선택한다. 예: 국어국문- 영문학)을 입력하고 계산토록 하면 대략 다음과 같은 시간관리 일정표를 만들어 줍니다. *이 일정표로 시험문제에 답을 해야 합니다. *아래 예는 4월 21일에 과제를 시작하여 5월 5일에 제출하기까지의 할 일입니다.

- □ Step 1: Understand your assignment by Thu Apr 21, 200x
  - Suggestions for understanding assignment sheets ...
- □ Step 2: Select and focus topic by Fri Apr 22, 200x
  - Refine your topic ...
  - How to begin ...
- □ Step 3: Write working thesis by Fri Apr 22,200x
  - Definition: Thesis Statements and Research Questions ...
  - Sample thesis statements ...
- □ Step 4: Design research strategy by Fri Apr 22, 200x
  - QuickStudy: Designing a research strategy ...
  - AskUs at the Libraries can also help
- □ Step 5: Find, review, and evaluate books by Sun Apr 24, 200x
  - Keep careful notes, with source clearly indicated ...
  - Search the library's catalog ...
  - QuickStudy: Finding Books ...
- □ Step 6: Find, review, and evaluate journal/magazine/newspaper articles by Wed Apr 27, 200x

- Keep careful notes, with source clearly indicated …
- Quick Study: Finding Articles …
- Research Quick Start …
- Look up articles in an appropriate index …

☐ Step 7: Find, review, and evaluate web sites by Thu Apr 28, 200x
- Do some general web searching - not Library-related …
- Keep careful notes, with source clearly indicated …
- Quick Study: Finding web sites …
- Research Quick Start …

☐ Step 8: Outline or describe overall structure by Thu Apr 28, 200x
- Starting a Writing Project …
- Help with planning your structure …

☐ Step 9: Write 1st draft by Sat Apr 30, 200x
- Writing Your First Draft …
- Online Writing Center …
- Student Writing Center …
- Reserve computer lab time on the Lab Reservation System …

☐ Step 10: Conduct additional research as necessary by Sun May 01, 200x
- QuickStudy: Evaluating Sources …
- 'Ask Us' at the University Libraries …

☐ Step 11: Revise & rewrite by Wed May 04, 200x
- Revising Your Work …
- Online writing instruction a …
- In-person writing instruction …

☐ Step 12: Put paper in final form by Thu May 05, 200x
- Quick Study: Citing Sources…

- The Elements of Style - William Strunk, Jr. …
- Ref Works:

EFFECTIVE AIDS:

- "To Do" list

Write down things you have to do, then decide what to do at the moment, what to schedule for later, what to get someone else to do, and what to put off for a later time period.

- Daily/weekly planner

Write down appointments, classes, and meetings on a chronological log book or chart. If you are more visual, sketch out your schedule First thing in the morning, check what's ahead for the day always go to sleep knowing you're prepared for tomorrow.

- Long term planner

Use a monthly chart so that you can plan ahead. Long term planners will also serve as a reminder to constructively plan time for yourself.

13 TIPS IN MANAGING YOUR TIME

시간관리 요령: 아래 13가지를 잘 정리해 봅시다.

1. SPEND TIME PLANNING AND ORGANIZING. Using time to think and plan is time well-spent. In fact, if you fail to take time for planning, you are, in effect, planning to fail. Organize in a way that makes sense to you. If you need color and pictures, use a lot on your calendar or planning book. Some people need to have papers filed away; others get their creative energy from their piles. So forget the "shoulds" and organize your way.

계획과 조직화에 시간을 써라. 생각하고 계획하는데 시간을 쓰는 것이 가장 잘 쓰는 것이다. 사실, 계획하는데 시간을 잘 쓰지 못하면 결과적으로 실패하게 된다. 여러분이 이해할 수 있는 방법으로 조직화 하라. 만약 색이나 그림이 필요하면 달력이나 계획 책에 많이 활용하면 된다. 서류를 가지런히 늘어놓는 사람도 있고 쌓아둔 서류에서 창조적인 에너지를 얻는 사람도 있다. 그래서 꼭 이래야 한다는 법이 없으니 여러분의 방법대로 조직화하면 된다.

2. SET GOALS. Goals give your life, and the way you spend your time, direction. When asked the secret to amassing such a fortune, one of the famous Hunt brothers from Texas replied: "First you've got to decide what you want." Set goals which are specific, measurable, realistic and achievable. Your optimum goals are those which cause you to "stretch" but not "break" as you strive for achievement. Goals can give creative people a much-needed sense of direction.

목표를 설정하라. 목표는 여러분이 시간을 활용하고 나아가야할 방향과 생활을 알려준다. 어떻게 그런 행운을 얻게 되었는지의 비결에 대해 텍사스의 헌트 형제는 우선 원하는 것을 정하고 그것을 얻기 위한 구체적이고 측정가능하며 실제적이고도 달성 가능한 목표를 정하는 것이라고 했다. 최적의 목표는 여러분이 이루려고 할 때 이룰 수 있는 것이어야 한다. 목표는 창조적인 사람들이 매우 필요로 하는 방향감각을 줄 수 있다.

3. PRIORITIZE. Use the 80-20 Rule originally stated by the Italian economist Vilfredo Pareto who noted that 80 percent of the reward comes from 20 percent of the effort. The trick to prioritizing is to isolate and identify that valuable 20 percent. Once identified, prioritize time to concentrate your work on those items with the greatest reward. Prioritize by color, number or letter-whichever method makes the most sense to you. Flagging items with a deadline is another idea for helping you stick to your priorities.

우선순위를 정하라. 이탈리아의 경제학자 빌프레도 파레토의 말대로 20%의 노력으로 80%의 보상을 얻을 수 있다는 80~20 규칙을 이용하라. 우선순위를 매기는 요령은 소중한 20%를 식별하고 분리하는 것이다. 일단 (중요한 일을) 식별하면 가장 높은 보상을 받을 수 있도록 그 일에 집중하게 우선순위를 두어야 한다. 색, 수, 글자 등 어느 것이라도 자신에게 가장 맞는 방법을 써서 강조하면 된다. 마감시한이 있는 표시를 한 아이템도 우선순위를 확고히 하는 방법이다.

4. USE A TO DO LIST. Some people thrive using a daily To Do list which they construct either the last thing the previous day or first thing in the morning. Such people may combine a To Do list with a calendar or schedule. Others prefer a "running" To Do list which is continuously being updated. Or, you may prefer a combination of the two previously described To Do lists. Whatever method works is best for you. Don't be afraid to try a new system - you just might find one that works even better than your present one!

할 일 목록을 작성하라. 전날의 마지막 일과 다음날의 첫 할 일을 목록으로 만들어 실천하는 사람들이 있다. 그러한 사람들은 할 일 목록을 달력이나 일정표에 결합시키기도 한다. 계속해서 할 일의 목록을 새로 고쳐 실천해 나가는 사람들도 있다. 아니면, 여러분은 두 개의 이전에 만든 할 일 목록을 결합하려는 사람들도 있다. 어떤 방법이라도 실천한다면 여러분에게 최상인 것이다. 새로운 방법을 적용하는데 두려워하지 말라. 여러분은 지금 하는 방법보다 나은 방법을 알게 되면 된다.

5. BE FLEXIBLE. Allow time for interruptions and distractions. Time management experts often suggest planning for just 50 percent or less of one's time. With only 50 percent of your time planned, you will have the flexibility to handle interruptions and the unplanned "emergency." When you expect to be interrupted, schedule routine tasks. Save (or make) larger blocks of time for your priorities. When interrupted, ask Alan Lakein's crucial question, "What is the most important thing I can be doing with my time right now?" to help you get back on track fast.

유연하게 하라. 일을 중지하거나 기분전환을 위한 시간을 허용해야 한다. 시간관리 전문가들은 가용시간의 50%나 그 이하를 계획 시에 반영할 것을 권한다. 가용시간의 50%를 계획에 반영하면 일의 중지와 계획에 없던 돌발 사태에 대비하여 유연성을 가질 수 있게 된다. 방해를 받거나 중지될 것으로 보일 때 이랑적인 일을 계획하라. 우선순위에서 큰 규모의 시간을 절약해야 한다. 방해를 받거나 중단이 되면 앨런 라케인의 중요한 질문, 지금 내가 할 수 있는 가장 중요한 일은 무엇인가? 하고 물어 보아야 한다. 그러면 빠르게 정상으로 돌아올 수 있다.

6. CONSIDER YOUR BIOLOGICAL PRIME TIME. That's the time of day when you are at your best. Are you a "morning person," a "night owl," or a late afternoon "whiz?" Knowing when your best time is and planning to use that time of day for your priorities (if possible) is effective time management.

생리적으로 왕성한 시간을 고려하라. 하루 중에 가장 최상인 시간을 알아야 한다. 아침형 인간인지 아니면 저녁형 인간인지 또는 오후에 왕성한지를 알아야 한다. 가장 왕성한 시간을 알고 그 시간에 중요한 일을 하는 것이 효과적인 시간관리 이다.

7. DO THE RIGHT THING RIGHT. Noted management expert, Peter Drucker, says "doing the right thing is more important than doing things right." Doing the right thing is effectiveness; doing things right is efficiency. Focus first on effectiveness (identifying what is the right thing to do), then concentrate on efficiency (doing it right).

바른 일을 바르게 하라. 유명한 경영전문가, 피터 드러커는 바른 일을 하는 것이 일을 바르게 하는 것보다 더 중요하다고 하였다. 바른 일을 하는 것이 효과성이다. 일을 바르게 하는 것은 효율성이다. 효과성(해야 할 바른 일이 무엇인지 아는 것)을 우선시하고 그 다음 효율성(그 일을 바르게 하는 것)에 관심을 가져야 한다.

8. ELIMINATE THE URGENT. Urgent tasks have short-term consequences while important tasks are those with long-term, goal-related implications. Work towards reducing the urgent things you must do so you'll have time for your important priorities. Flagging or highlighting items on your To Do list or attaching a deadline to each item may help keep important items from becoming urgent emergencies.

재촉하지 마라. 중요한 일은 장기적이며 목표와 관련된 관계있는 반면, 재촉하는 일은 단기적인 결과를 낳는다. 재촉하는 일을 줄이도록 하면 중요한 일에 운선순위를 두는 시간을 확보하게 된다. 할 일 목록에 표시를 하거나 각 할 일에 마감시한을 정해두면 중요한 일을 (미루다) 재촉하는 경우를 방지할 수 있다.

9. PRACTICE THE ART OF INTELLIGENT NEGLECT. Eliminate from your life trivial tasks or those tasks which do not have long-term consequences for you. Can you delegate or eliminate any of your To Do list? Work on those tasks which you alone can do.

알고 있으면서도 무시하는 연습이 필요하다. 사소한 일이나 장기적으로 결과가 없는 일은 제외시켜야 한다. 일을 위임하거나 할 일 목록에서 제거할 수 있는가? 혼자서 할 수 있는 일을 하라.

10. AVOID BEING A PERFECTIONIST. In the Malaysian culture, only the gods are considered capable of producing anything perfect. Whenever something is made, a flaw is left on purpose so the gods will not be offended. Yes, some things need to be closer to perfect than others, but perfectionism, paying unnecessary attention to detail, can be a form of procrastination.

완벽하려고 하지마라. 말레이 문화에 오직 신만이 일을 완벽하게 할 수 있다고 생각한다. 무엇을 만들 때면 사람들은 약간의 흠을 남기는데 그것은 신을 불쾌하게 하지 않으려는 의도라고 한다. 그렇다. 어떤 일은 남들보다 더 완벽하게 할 필요가 있지만 완벽주의는 너무 세밀하게 하려다 불필요한 손질을 하게 되어 오히려 꾸물거리게 된다.

11. CONQUER PROCRASTINATION. When you are avoiding something, break it into smaller tasks and do just one of the smaller tasks or set a timer and work on the big task for just 15 minutes. By doing a little at a time, eventually you'll reach a point where you'll want to finish.

미루기를 극복하라. 여러분이 무엇인가 회피할 때 그 일을 작은 일로 나누어서 그 중의 작은 일 하나를 하거나 큰일에 약 15분 정도의 시간을 정하여 해 보는 것이 필요하다. 한 번에 조금씩 함으로서 결국에는 여러분이 이루려는 지점에 도달하게 될 것이다.

12. LEARN TO SAY "NO." Such a small word — and so hard to say. Focusing on your goals may help. Blocking time for important, but often not scheduled, priorities such as family and friends can also help. But first you must be convinced that you and your priorities are important — that seems to be the

hardest part in learning to say "no." Once convinced of their importance, saying "no" to the unimportant in life gets easier.

거절할 줄 알아야 한다. 아주 작지만 말하기 어려운 말이 '아니오.'이다. 목표에 집중하려면 도움이 된다. 중요하지만 계획에 없던 일 – 가족이나 친구들과 같은 우선순위에 시간을 쓰지 않도록 하는 것도 도움이 된다. 그러나 우선 자신과 자신의 우선순위가 중요하다는 것을 입증해야 하고 가장 어려운 일이 거절을 배우는 것이다. 그들의 일이 더 중요하다는 것을 알면 인새에서 덜 중요한 일에 '아니오.'라고 하는 것은 쉽다.

13. REWARD YOURSELF. Even for small successes, celebrate achievement of goals. Promise yourself a reward for completing each task, or finishing the total job. Then keep your promise to yourself and indulge in your reward. Doing so will help you maintain the necessary balance in life between work and play. As Ann McGee-Cooper says, "If we learn to balance excellence in work with excellence in play, fun, and relaxation, our lives become happier, healthier, and a great deal more creative."

by Kathy Prochaska _ Cue, Extension Family Economics Specialist

자신에게 보상하라. 작은 성공일지라도 목표의 달성을 자축하라. 일의 전부 뿐만 아니라, 작은 일이라도 완성하면 보상을 하겠다고 스스로 약속하라. 자신과의 약속을 지키고 보상에 대해 자축하라. 그렇게 하면 인생에서 필요한 일과 놀이간의 균형을 유지할 수 있게 된다. 앤 맥기-쿠퍼가 말한바와 같이 놀이, 휴식 등에서 수월성과 일에서의 수월성을 균형 있게 할 수 있다면 우리의 인생은 보다 행복하고 건강하고 더 나아가 훨씬 더 창조적일 수 있을 것이다.

RESOURCES

Drucker, Peter. The Effective Executive. New York: Harper & Row, 1966.

Lakein, Alan. How to Get Control of Your Time and Your Life. New York: Signet, 1974.

McGee-Cooper, Ann. Time Management for Unmanageable People. Dallas, TX: Ann McGee-Cooper & Associates, 1983. http://www.dartmouth.edu/~acskills/videos/

살아가면서 일어나는 여러 가지 위험에 대비하여 우리는 안정적인 삶을 누려야 한다

PART 2

Wealth Management

04. Personal Finances

05. Stock Market

06. 25 Rule to Grow Rich By

CHAPTER 04

PERSONAL FINANCES

학습목표

살아가면서 일어나는 여러 가지 위험에 대비하여 우리는 안정적인 삶을 누려야 한다. 그러려면 충분한 저축이 필요하다. 안락한 삶을 위한 일자리와 보금자리는 충분한 재무 설계로부터 얻고 지킬 수 있다. 쓰기에도 모자라는데 어떻게 저축을 하는가? 쓰고 남는 것을 저축한다? 그러면 저축이란 결코 못하게 된다. 빗물이 내를 이루고 내가 강이 되어 바다를 이루듯이 작은 것이 모여 큰 것이 된다. 이 장에서 우리는 재무 설계에 대한 개념을 알고 중요성을 익혀 저축하는 습성을 길러야 할 것이다.

1. PERSONAL BUDGETING: SAVING FOR THE FUTURE

Our financial goals change as we move through life. In our 20s and 30s, we often build up debt to pay for some of the things such as our college education, buying a home, or our children's college education.

재무목표는 살아가면서 달라진다. 20~30대에는 대학등록금이나 내 집 마련을 위한 빚 갚기, 또는 자녀들의 대학교육 등을 위한 준비들을 해야 한다.

While these goals may be investments in our future well-being, any loans taken out to achieve them have to be repaid. By the time many of us manage to pay off this debt, we are in our 40s and 50s. Now we are faced with a new financial goal: Saving for our retirement.

이러한 목표는 미래의 복지를 위한 투자 일 수도 있고 목표를 성취하기 위해 빌려 쓴 채무를 갚아야 할 것도 있다. 이러한 채무를 상환하기 위해 노력할 때 4~50대가 될 것이다. 이후에는 또 다른 재무 계획을 세워야 하는데 이것은 바로 은퇴 후를 위한 계획, 노후설계이다.

With some basic skills in personal budgeting, you can identify opportunities early on to save for some of these future expenses. For one, it's important to set up a savings plan. Together with a personal budget, a savings plan adds discipline and helps you save for the future.

사람들이 재무계획(예산)을 세우는 기본적인 기술은 앞으로 지출해야 할 비용을 마련하기 위해 어떤 기회가 있는지를 미리 확인하는 것이다. 사람들이 저축계획을 세우는 것은 매우 중요하다. 개인의 재무계획과 마찬가지로 저축계획은 여러분이 장래를 위하여 저축하도록 도움을 주고 교육을 시키는 것이다.

If you're mired in debt to where you can't think of saving, you shouldn't. A debt repayment plan can help you chip away at your debts. Debts repaid, you will eventually free up financial resources to save for the future.

빚에 쪼들려 저축을 생각할 틈이 없다 해도 그래서는 안 된다. 부채상환계획은 빚을 조금씩이라도 줄여나가도록 도와주게 된다. 채무상환으로 노후대책을 위한 여유자원을 가질 수 있게 된다.

2. SHOULD I CONSOLIDATE MY DEBTS?

Saving is the cornerstone of paying for future financial goals. A good savings plan means making regular contributions and not just a single, lump-sum investment. The following table shows future values of a savings account for a range of monthly contributions. An initial investment of $1,000 gets the account started. The account grows at 8% a year, compounded monthly:

저축을 해야 미래의 재무목표를 위해 지불할 기초를 마련할 수 있다. 현명한 저축의 계획은 목돈을 일시에 투자하는 것 보다 정기적으로 저축을 하는 것이다. 다음 표를 보면 월 불입액으로 저축을 할 때 기간별 미래 가치를 알 수 있다. $1,000의 초기투자에 대한 표를 보자. 연리 8%의 월 복리로 투자한다고 가정한다.

Years of saving:	Future value based on these monthly contributions:			
...	$0	$100	$250	$500
1	$1,083	$2,336	$4,216	$7,349
5	$1,490	$8,887	$19,982	$38,473
10	$2,220	$20,636	$48,261	$94,302
30	$10,936	$160,965	$386,010	$761,083

As you can see, regular monthly contributions accelerate the growth in savings. For example, look at an investment horizon of 10 years. Your initial investment grows to $2,220. If you make monthly contributions of $100, the account grows to $20,636, a difference of $18,416. The total value of contributions is $100 for 120 months, or $12,000. These contributions add $6,416 ($18,416- $12,000) in interest to the account over the 10-year period.

표를 보면 월 불입액은 저축의 증가를 가속한다. 예를 들어, 10년간의 투자를 보면 $1,000을 연리 8%로 10년간 투자하면 $2,220이 된다. 여기다 매달 $100을 더 투자하면 10년 후의 원리금은 $20,636이다. 차액은 $18,416이다. 매월 $100을 10년인 120개월로 볼 때 원금은 $12,000이므로 이 원금을 제외하면 $6,416이 10년간의 이자가 된다.

Let's look at the same account after 30 years. Your initial investment grows to $10,936. If you make monthly contributions of $100, the account grows to $160,965, a difference of $150,029. The total value of contributions is $100 times 360 months, or $36,000. The extra contributions add $114,029 ($150,029-$36,000) in interest to the account. If you divide $114,029 by three, you get $38,010. Interpretation: for a 30-year period, contributions of $100 a month add $38,010 in interest to the account, on average, for each of the three 10-year periods. This is more than six times the amount of interest earned in the first example.

같은 조건으로 30년간의 투자를 보면 초기 투자 $1,000은 30년 후 $10,936이 된다. 매월 $100을 더 투자하면 $160,965가 되고 초기 원금과의 차액은 $150,029이며 여기서 $100의 30년간 원금인 $36,000을 빼면 $114,029가 30년간의 복리 이자가 된다. 이 금액을 3으로 나누면 10년당 $38,010이 된다. 이 경우 처음 10년간 투자한 이자 $6,416보다 여섯 배도 넘는다.

Clearly, compounding has tremendous benefit over time. The following is a list of the major variables that affect growth of a savings account:

틀림없이 복리는 시간이 경과할수록 어마어마한 효익을 준다. 다음은 저축의 증가에 영향을 주는 주요 변수들이다.

- Amount of contributions. Your initial investment is what gets your savings plan started. It can be as little as $10 or $25. Growth in an account benefits less from the initial investment than from regular contributions.

  투자금액: 초기 투자금액은 $10 또는 $25 등 소액이 될 수도 있으나 월(정기) 불입액이 초기투자보다 더 효과가 크다.

- Frequency of contributions. The more frequently you contribute, the faster your savings grow with compounding. However, it's important that you don't over-contribute to the extent that you have to borrow money at an interest rate that is higher than what you earn.

  불입횟수: 자주 불입할수록 복리 원리금의 증가는 빠르다. 너무 저축하여 생활에 부족한 자금을 높은 이자로 빌려 쓰는 일은 없어야 한다.

- **Investment horizon.** Your investment horizon is the number of years you are able to save. The greater the number of years, the more your account will grow.

  투자기간: 투자기간이 길수록 원리금은 증가한다.

- **Use of tax-advantaged accounts.** A tax-advantaged account allows your savings to compound faster than if you were to use a taxable account. Many tax-advantaged accounts are retirement accounts, which restrict your use of the money before you reach retirement age. However, the 2001 tax law expands the use of tax-advantaged accounts to save for your child's or dependent's college expenses.

  세금우대저축을 택하라: 세금우대 저축은 퇴직저축 같은 것으로 은퇴연령이 되기 전까지는 찾을 수 없는 제약이 있다. (미국의 경우) 2001년에 개정한 세법은 자녀나 배우자의 학비를 저축하는 데에도 세금우대저축을 확대 적용한다.

- **Rate of return.** The rate at which your account grows depends on the interest rate or rate of return. The risk-return trade-off is a basic rule of investing that requires you to accept more investment risk, as measured by the volatility in year-to-year returns, in exchange for a chance to earn a higher rate of return.

  수익률: 저축은 이자율이나 투자수익률에 영향을 받는다. 위험-수익의 상계는 투자의 기본 규칙이며 보다 높은 수익을 원하면 보다 높은 위험을 감수해야 한다.

If you are a conservative investor, you are relatively risk-averse. As a result, a conservative investor should have lower expectations for investment returns than would an aggressive investor. Over time, stocks have averaged annual returns of about 12%. Since stocks have more risk than bonds or cash investments, a conservative investor should expect investment returns of less than 12%.

보수적 투자자는 상대적으로 위험을 싫어하며 그 결과 공격적 투자자보다 낮은 수익을 기대하게 된다. 주식이 연평균 12%의 수익률이라면 사채(bonds)나 현금보다 높고 보수적 투자자는

12%보다 낮은 수익을 기대하게 된다.

Saving for the future involves a few simple steps. You need to set up a personal budget and savings plan. You need to have the discipline to make regular contributions. The benefits of compounding, investing for the long term, and having realistic expectations of returns help you to plan your financial goals. When possible, using a tax-advantaged account helps your savings account grow faster.

저축은 몇 가지를 고려해야 한다. 개인적인 예산과 저축계획을 세워라. 정기투자(불입)에 익숙해야 한다. 복리의 효과를 얻기 위해 장기투자하고 가능하면 세금우대 저축을 해야 한다.

The above information is educational and should not be interpreted as financial advice. For advice that is specific to your circumstances, you should consult a financial or tax adviser.

이런 정보는 간단한 교육용이라서 실제 투자 시에는 재무나 세무 전문가의 자문을 받는 것이 좋다.

Next, we'll look at the concept of thinking on the margin. The basic economic principles of marginal benefit and marginal cost play an important part in our financial decision-making.

재무의사결정에 중요한 한계 수익과 한계비용이라는 경제 원리를 알아야 한다.

3. PERSONAL BUDGETING

ESTABLISHING A BUDGET

Many of us fail to see the relationship between budgeting and saving. Budgeting is a process that starts by setting spending targets that help you to stay within your means of paying for the bills. A personal budget is useful in controlling personal expenses.

예산편성 – 많은 사람들이 예산과 저축의 관계를 잘 알지 못한다. 예산은 대금의 지불이 수입의 범위 안에서 이루어지도록 지출목표를 설정하는 데서 시작하는 과정이다. 개인의 예산은 개인의 비용을 통제하는 데에 유용하다.

Reasons for having a personal budget usually change over time. In our 20s, we focus on repaying debts or saving for a down payment on a home. We may want to budget in order to set aside several thousand dollars for a trip around the world. In our 30s and 40s, budgeting is important to help pay for our children's living and college expenses. By the time we enter our 50s, saving for retirement becomes a major financial goal.

개인이 예산을 편성하는 이유는 시간에 따라 달라진다. 20대에는 빚을 갚거나 집을 사기 위해 계약금(down payment)을 모우는 것이다. 세계여행을 위해 필요한 수천 불을 저축하려고 예산을 짜기도 한다. 30~40대에는 자녀들의 양육비나 대학 학비를 지불하기 위해 예산이 중요하다. 50대에 들어갈 무렵에는 은퇴를 위한 저축이 주요한 재무 목표가 된다.

Budgeting is the cornerstone of saving. No personal budget often means an inability or unwillingness to identify a potential source of regular savings. A personal budget imposes some discipline on adhering to a savings plan.

예산은 저축의 초석이 된다. 예산편성을 하지 않는 것은 정기저축의 잠재력을 확인할 능력이 없거나 의자가 없음을 뜻한다.

The following questions can help with your personal budgeting:

- How much am I spending?
- How much should I set aside for emergencies?
- What's it worth to reduce my spending?

개인의 예산편성에 도움을 줄 수 있는 질문을 보자.

- 나는 얼마나 소비하는가?
- 위급할 때를 대비해서 얼마나 저축해야 하나?
- 소비를 줄이는 것은 (어떤) 가치가 있는가?

Some important steps in setting up a personal budget include:
예산편성에 포함할 중요한 단계

- Select a period to measure. A monthly budget often works best. Most of us pay our rent, mortgage, and utility bills monthly. It is also the period over which many of us get paid. If you are paid every two weeks, you can add the amounts to determine a monthly figure.

측정기간의 선택: 월간 예산이 최고로 작용할 때가 많다. 집세, 할부금, 사용요금은 매월 청구된다. 대부분 월급을 받는다. 2주마다 보수를 받는다면 2배하면 월급이 된다.

- Calculate net cash flow for the period. Your personal net cash flow subtracts your cash expenses (cash outflows) from you cash income (cash inflows). If you charge with your credit card, add those charges to your cash expenses. Using your credit card is only a means of postponing cash outflows. While you're at it, be sure to add the little items, like those $4 lattes and video store trips. These items easily add up to $100 or more in a month.

기간의 순 현금흐름을 계산하라. 순 현금흐름은 현금수입(현금유입)에서 현금비용(현금유출)을 차감하면 된다. 신용카드를 쓴다면 현금비용에 보태야 한다. 신용카드는 현금지출을 연기하는 것에 지나지 않는다. 소액으로 지불한 항목들도 더해야 하는데 한 달에 $100이 되는 것은 다반사이다.

- Keep records. Accurate records will help you to keep a history of several budgeting periods. You can string together 12 months of budgets to create an annual budget. You can use your budget records to compare actual and budgeted spending. The differences in actual and budgeted spending are called variances. Be as precise in your record keeping as you can afford to be.

기록유지: 정확하게 가록하면 여러 기간의 예산을 유지할 수 있다. 12개월의 월간 예산을 합하면 연간 예산이 된다. 예산 기록으로 예산과 실제 지출을 비교할 수 있고 예산과 실제 지출의 차이를 variance(차이)라고 한다. 할 수 있는 한 정확하게 기록을 유지하여야 한다.

- Monitor and review. Your records help you to compare how well you budget. The key is to identify positive budget variances-where your actual cash outflows are less than your budgeted cash outflows. These variances are a source of funds to save and invest. For example, if you budget $1,500 in monthly cash outflows but routinely only have cash outflows of $1,400, you have identified a source of savings worth $100 a month.

검토: 기록을 하면 예산을 얼마나 잘 짰는지 비교 가능하다. 예산과 실제의 차이가 양수(+)가 되게 하는 것이 관건이다. (예산현금지출 > 실제 현금지출)이 차액으로 저축과 투자를 하게 된다. 예산 지출이 $1,500이고 실제 지출이 $1,400이라면 차액 $100이 저축이나 투자원이 되는 것이다.

- Save for an emergency fund. As you gradually find you can save each month, you may want to first set aside enough for an emergency fund. An emergency fund consists of three to six months of savings. An emergency fund is also called a rainy-day fund and should be used only to pay for unanticipated financial setbacks. These setbacks may include losing a job, becoming ill, or suffering the death of a family member.

비상금을 저축하라: 매달 계속해서 저축을 하면 비상금을 비축해 둘 필요가 있을 것이다. 비상금은 3~6개월분의 저축이다. 비상금을 어려울 때 쓸 자금으로 실직, 입원, 가족의 사망 등 예기치 못한 경우에 대비한 것이다.

- Invest regularly. A personal budget may have led you to identify a way to save $100 a month. Investing this extra $100 every month lets you take advantage of dollar-cost averaging. Dollar-cost averaging is a basic principle of investing. Studies consistently show that, over time, dollar-cost averaging buys shares at a cheaper price than if you attempt to time your purchases. In addition, your regular contributions fuel the compounded growth of your investments.

정기투자: 예산을 짜면 예를 들어 1개월에 $100을 절약하는 방법을 알 수 있을 것이다. 이렇게 생긴 $100을 매달 저축하면 정액 정기매입(시세에 관계없이 정기적으로 일정한 총액의 증권을 매입하는 투자법 투자의 기본 이론)을 통한 이득을 볼 것이다. 연구에 의하면 정액 정기매입 방법이 주식을 구매하려고 계획한시점보다 싸게 살수 있다고 한다. 또한 정기 투자로 투자의 복리 증식을 가속하게 된다.

Since your emergency fund serves a vital purpose, you want to have access to the funds. At the same time, you want to earn interest on these funds. As a result, you should plan to invest it in only the most liquid and safe investments. These investments include CDs, savings deposits, and money market accounts. All of these instruments are insured by the FDIC for up to $250,000 per depositor per institution. The FDIC does not insure money market mutual funds. However, money market funds seldom drop in value because of the high quality of their investments.

비상자금이 중요한 목적으로 작용하기 때문에 자금을 인출할 필요가 있다. 동시에 이 자금에 이자가 많이 붙기를 원할 것이다. 따라서 유동성(환금성)이 높고 안전한 투자가 필요하다. 이러한 투자에는 CD(양도성예금증서) 저축성예금, MMA가 있다. 이 들은 기관별, 예금주 별로 FDIC(연방예금보험공사)가 $250,000까지 보장한다. 그러나 뮤추얼 펀드는 보증하지 않는다. 투자의 질이 높아 가치가 떨어지는 일이 없기 때문이다.

An effective investing technique for your emergency fund is laddering. First, you divide your investments into roughly equal amounts. Next, you deposit these amounts in short-term CDs of different maturities. The length of maturity terms should be spaced at intervals that don't jeopardize your access to at least some of your emergency fund at any given time.

비상자금을 위해 효과적으로 투자하는 기법은 **래더링(사다리 투자)**이다. 투자자금을 동일한 금액으로 나누고 만기가 다른 단기 양도성예금증서에 투자한다. 만기까지의 기간은 필요한 비상자금을 인출해 쓸 수 있도록 안전한 기간을 잡아야 한다.

For example, you may wish to divide a $4,000 of a $5,000 fund into four equal parts, keeping $1,000 in an account you can access immediately. Next, you may consider investing $1,000 each in a 3-, 6-, 9-, and 12- month CD. As each CD matures, you extend, or roll over, the CD for one year. This allows you to establish a stream of CD investment that matures every three months. If you ever need more than $1,000 of your fund, the longest you would have to wait (unless you paid a fee for early redemption) would be three months.

예를 들면, $5,000의 투자자금이 있다면 $1,000을 제외한 나머지 $4,000을 4회로 나누어 3, 6, 9, 12개월 만기의 양도성 예금에 예치한다. 조기인출 수수료 없이 $1,000 이상이 필요하다면 적어도 3개월을 기다려야 하고 이렇게 기간별도 분할 투자하는 것을 래더링이라 한다.

The above information is educational and should not be interpreted as financial advice. For advice that is specific to your circumstances, you should consult a financial or tax adviser.

이러한 내용은 교육용의 설명이므로 실제 투자를 하려면 투자 상담사나 세무 전문가의 도움을 받아야 할 것이다.

From http://www.businessweek.com/
Website they describe this phenomenon quite clearly.

4. Loads of Debt

다음 동영상을 보면서 어떤 생각이 드는지요? 후회는 앞서지 않는다고 했기에 이들의 경험을 바탕으로 인생에서 빚지지 않도록 해 보세요. 쉬운 일이 아니라는 것은 알지만 만약에 낭비가 없었는지, 계획은 세웠는지 생각해 봅시다.

From https://www.youtube.com/watch?v=OCrNh9e4cfs

That's the story of graduates today.

오늘날 졸업생들의 이야기를 들어봅니다.

But $100,000? Or more. Any debt counselor will tell you that's insane.

빚이 10만 불(약 1억 원) 넘는다고요? 어떤 채무 상담사도 당신이 정신 나갔다고 할 겁니다.

It's a choke-hold on young people starting their lives - It means putting off getting married, having children, and buying that first home.

인생을 시작하는 젊은이들의 목을 조르는 일이지요. 그건 결혼하고 아이를 낳고 집을 사는 것 모드를 못하게 미루는 일이지요.

The number is so staggering that it's hard to come to terms with it. Maybe that's why one graduate was a little cavalier about it when talking about it with CNNMoney. Here's how he views his debt and the story of two other young graduates, also with a lot of student loans.

그 금액은 합의를 보기에 어려운 비틀거리는 금액입니다. 여기 그들의 채무에 대해 어떻게 생각하는지 과도한 채무가 있는 한 청년과 두 여성 졸업생의 이야기를 들어봅니다.

4.1 WILLIAM BOWLES, 27 YEARS OLD. / $114,000 IN STUDENT DEBT

윌리엄 보울즈, 27세 / 11만 4천불 학자금 대출

Bowles is back in school getting a graduate degree despite having had $50,000 of debt after an undergraduate degree. That means he's taking on more debt even as he's putting other big life decisions on hold. His life goals are to start a family, have kids and buy a home.

보울즈는 대학을 졸업할 때 5만 불의 빚이 있었지만 석사학위를 위해 다시 대학원에 입학했다. 이 결정은 인생에서 빚을 갚기도 전에 다시 빚을 내어야 하는 것을 의미한다. 그의 인생 목표는 가족, 자녀, 집이 있는 가정을 꾸리는 것이다.

"That seems pretty far off right now with student loan debts staring me in the eyes," Bowles said.

당장에 학자금 대출로 시작하는 처지에 그러한 꿈은 아주 미루어야 하겠지요. 보울즈의 말이다.

But he's optimistic that a graduate degree from Columbia University, where he is enrolled currently, will help him pay off $50,000 in the next three years. How? "Lots of ramen." 라면으로 때워야죠.

그러나 그는 낙관적이다. 지금 다니는 컬럼비아 대학 석사학위를 받으면 (취직 후) 3년 안에 5만 불을 갚을 수 있을 것이다. 어떻게?

Bowles muses he could also work for a nonprofit or the government, where he has a chance of his loans being forgiven after 10 years.

보울즈는 비영리 조직이나 정부기관에서 일할 수 있기를 원하는데 거기서 10년 후에 그의 채무를 탕감 받을 기회가 있기 때문이다.

4.2 RHEA SHANNON, 26 YEARS OLD. / $54,000 IN STUDENT DEBT

리아 새넌, 26세 / 5만 4천불 학자금 대출

During her senior year in college, Shannon's father passed away while on active duty in Afghanistan.

대학 4학년 때 새넌의 아버지가 아프가니스탄에서 작전 중에 돌아가셨다.

"He was the one that cosigned on one of my loans, and he told me it would be okay, that we would pay if off," Shannon said.

내 학자금 대출에 연대보증을 한 분이다. 아버지는 걱정마라하시며 우리가 잘 갚을 수 있을 것이라 하셨다.

Now Shannon is not only heart broken, but has to constantly deal with calls from her creditors.

새넌은 가슴이 찢어질 뿐만 아니라 은행으로부터 오는 전화를 계속해서 받아야 한다.

Shannon works as a production assistant at a television channel. Her payment on her student loan is $350 a month, which is about half of her weekly paycheck. She said she regularly misses payments and dodges calls from creditors.

새넌은 텔레비전 방송국에서 제작 조수로 일한다. 한 달에 학자금 대출의 350불을 갚는다. 매주 받는 돈의 절반이다. 그녀는 자주 지불을 못해 은행으로부터 오는 전화를 피하고 있다.

If she could do it over again, Shannon said she wouldn't take out so much money.

만약 또 그런 기회가 있다면 새넌은 그렇게 많은 돈을 빌리지 않을 것이라 한다.

"I probably would have taken one or 2 loans, and then I would have hustled. I would have picked up groceries in college, I would have babysat everybody, because they guarantee you a degree, but they don't guarantee you a job, and they still want their money."

나는 아마 한 두 개의 대부만 받았을 건데, 그리고 그걸 갚아 버렸어야 했는데. 나는 대학에서 식료품을 가져왔을 건데. 나는 매일 남의 아이 돌보기를 해야 했을 건데 못했죠. 왜냐하면 대학이 졸업은 보증했지만 일자리는 보증하지 않았고 은행은 계속해서 돈을 갚으라고 하죠. 새넌의 말이다.

4.3 ASHLEY SALVAGIN, 25 YEARS OLD / $75,000 IN STUDENT DEBT

애시리 살배진, 25세 / 7만 5천불 학자금 대출

Sal agin dreamed about being an actress, and even studied to be one. But she has put aside her dreams, and has taken on two jobs -- as an executive assistant at an advertising agency and at a nonprofit doing events -- to pay off her debt load.

살배진은 다시 영화배우를 꿈꾸고 있다. 그리고 배우가 되기 위한 공부도 하고 있다. 그러나 그녀는 꿈을 젖혀두고 있다. 대신 빚을 덜기 위해 광고회사의 부 지배인과 비영리 조직에서 이벤트를 하는 일을 하고 있다.

She's managed to lighten it a little -- Salvagin graduated with $95,000 of debt.

그녀는 졸업할 때 9만 5천불의 빚을 졌지만 약간 빚을 경감시키도록 관리해 왔다.

Each month, she tries to pay more than the $800 minimum, but sometimes that's all she can manage.

매달 적어도 800불 이상을 갚으려 노력해 왔다. 그러나 가끔은 그것이 그녀가 할 수 있는 것 전부였다.

"I've never missed a payment. But, it's a pretty heavy burden," Salvagin said.

지불을 놓친 적은 없어요. 그러나 부담이 커요. 살배진의 말이다.

Besides her dream career, she has put on hold everything that she really wants to do.

게다가 그녀의 꿈인 배우 직업에 대하여 (정말 원하는 것을) 미루어 두어야 했다.

"I love to travel, so the second I'm done paying off all this debt, I have some big plans," she said. "But, in the meantime, I have to focus on it."

나는 여행을 좋아해요. 그래서 내 빚을 모두 다 갚는 순간에 나는 큰 계획이 있어요. 그러나 동시에 나는 거기에(빚 갚는데) 총력을 쏟아야 해요.

CHAPTER 05

STOCK MARKET

학습목표

자본주의가 발달하면 증권시장으로 자금이 유입된다. 기업은 투자자로부터 직접 자금을 받아 사업을 하게 됨으로써 자금조달에 대한 비용이 낮고 이자 지급의 부담이 없어지게 되는 장점이 있기 때문이다. 투자자는 자신의 위험부담이 있기는 하지만 가장 높은 수익을 창출할 가능성이 있다. 한때, 부동산으로 많은 부를 창출할 수 있었지만, 높은 거래비용, 낮은 환금성, 과도한 양도세 등으로 잘못하면 손해를 볼 수도 있는 위험한 투자이기 때문에 상대적으로 적은 비용으로도 활용을 할 수 있는 것이 증권투자이다.

이 장에서는 증권시장의 구조와 원리를 알고 증권투자를 위한 기초를 소개하는 것이다. 작지만 종자돈을 모아 소액투자를 하면서 감을 익혀 나가는 것이 좋다.

The stock market appears in the news every day. You hear about it any time it reaches a new high or a new low, and you also hear about it daily in statements like "The Dow Jones Industrial Average rose 2 percent today, with advances leading declines by a margin of..."

다우존즈 산업평균지수: 30개의 선도, 우량주식으로 주가지수를 내는 개략적인 주가지수 산정방식. 1898년 월스트릿 저널 창간자 찰스 다우와 출판인 에드워드 존스가 처음 도입하여 지금까지 지속되고 있다. 2015년 3월 현재 지수 약 17,700을 넘고 있다. 참고로 우리나라의 대표지수 KOSPI는 1980년 1월에 시작하여 2015년 3월 현재 지수는 약 2,000 정도이다.

Obviously, stocks and the stock market are important, but you may find that you know very little about them. What is a stock? What is a stock market? Why do we need a stock market? Where does the stock come from to begin with, and why do people want to buy and sell it? If you have questions like these, then this article will open your eyes to a whole new world!

분명히 증권과 증권시장은 중요하다. 그러나 여러분은 별로 아는 것이 별로 없을 것이다. 증권이 무엇이고 증권시장이 무엇인가? 왜 증권시장이 필요한가? 처음에 증권은 어떻게 만들어지는가? 왜 사람들이 증권을 사고팔려 하는가? 이러한 의문이 있다면 이 자료가 여러분을 아주 새로운 세계로 눈을 뜨게 할 것이다.

*부동산 투기를 규제하고 경기가 안정되면 증권투자가 보편적인 재산 증식 방법이 된다.

1. A SIMPLE EXAMPLE: Determining Value

가치 결정: 예

Let's say that you want to start a business, and you decide to open a restaurant. You go out and buy a building, buy all the kitchen equipment, tables and chairs that you need, buy your supplies and hire your cooks, servers, etc. You advertise and open your doors.

사업하기로 했다고 치자. 식당을 열기로 하는 경우, 건물을 사고 주방기구, 식탁과 의자, 소모품을 사고 요리사와 종업원을 고용하고, 광고를 하고 식당 문을 연다.

Let's say that:

- You spend $500,000 buying the building and the equipment.
- In the first year, you spend $250,000 on supplies, food and the payroll for your employees.
- At the end of your first year, you add up all of the money you have received from customers and find that your total income is $300,000.

식당과 장비를 사는데 50만 불을 쓰고 첫 해에 소모품, 식재료, 종업원 인건비로 25만 불을 지출한다. 첫해 말에 식대를 받아 합계하니 총 소득이 30만 불이라 하자.

Since you have made $300,000 and paid out the $250,000 for expenses, your net profit is:

$300,000 (income) - $250,000 (expense) = $50,000 (profit)

At the end of the second year, you bring in $325,000 and your expenses remain the same, for a net profit of $75,000. At this point, you decide that you want to sell the business. What is it worth?

One way to look at it is to say that the business is "worth" $500,000. If you close the restaurant, you can sell the building, the equipment and everything else and get $500,000. This is a simplification, of course … the building probably went up in value, and the equipment went down because it is now used. Let's just say that things balance out to $500,000. This is the asset value, or book value, of the business … the value of all of the business's assets if you sold them outright today.

But what if you keep it going?

30만 불을 벌고 25만 불을 비용으로 지출했으므로 순이익은 5만 불이다.(공식참조) 2년 말에 32만 5천불을 벌고 비용은 전과같이 25만 불이라 하면 순이익은 7만 5천불이다. 이때 사업을 매각하기로 한다면 얼마를 받아야 할까?

한 편으로 보면 사업의 가치는 50만 불이다. 식당을 닫고 건물, 장비 등을 팔면 50만 불을 받을 것이다. 빌딩은 값이 오르고 장비는 가치가 감소했을 것이지만 단순화해서 설명한 것이다. 물건들의 가치가 50만 불이라 치자. 식당(사업)을 매각한다면 사업의 모든 가치 – 이것을 사업의 자산 가치, 또는 장부가격이라 한다.

2. A SIMPLE EXAMPLE: Selling Shares

주식 매도: 예

If you keep the restaurant going, it will probably make at least $75,000 this year … you know that from your history with the business. Therefore, you can think of the restaurant as an investment that will pay out something like $75,000 in interest every year. Looking at it that way, someone might be willing to pay $750,000 for the restaurant, as a $75,000 return per year on a $750,000 investment represents a 10-percent rate of return. Someone might even be willing to pay $1,500,000, which represents a 5-percent rate of return, or more if he or she thought that the restaurant's income would grow and increase earnings over time at a rate faster than the rate of inflation.

만약 사업을 계속하고자 한다면 전년도 사업 내용으로 보아 올해 적어도 7만 5천불을 벌 수 있을 것이다. 그러므로 식당을 매년 이자 7만 5천불이 들어가는 투자(사업)라고 생각해도 된다. 이런 식으로 보면 누군가는 식당을 75만 불에 구입하려고 할 것이다. 10%의 수익이 나는 투자로 보면 이익 7만5천불을 얻는 투자는 75만 불이 되는 것이다. 식당의 수익이 물가상승률 보다 빠르게 늘 것이라고 보거나 투자 수익률이 5%라고 하면 수익 7만 5천 불을 얻는 투자는 150만 불이 되므로 150만 불에 구입하려는 사람이 있을 것이다.

The restaurant's owner, therefore, will set the price accordingly. You might price the restaurant at $1,500,000. What if 10 people come to you and say, "Wow, I would like to buy your restaurant but I don't have$1,500,000." You might want to somehow divide your restaurant into 10 equal pieces and sell each piece for $150,000. In other words, you might sell shares in the restaurant. Then, each person who bought a share would receive one-tenth of the profits at the end of the year, and each person would have one out of 10 votes in any business decisions. Or, you might divide ownership up into 1,500 shares and sell each share for $1,000 to make the price something that more people could afford. Or, you might divide ownership up into 3,000 shares, keep 1,500 for yourself, and sell the remaining shares for $500 each. That way, you retain a majority of the shares (and therefore the votes) and remain in control of the restaurant while sharing the profit with other people. In the meantime, you get to put $750,000 in the bank when you sell the 1,500 shares to other people.

당신이 식당을 150만 불에 팔려고 하는데 사려는 사람들이 여럿이서 (10명) 나누어 사려고 한다면 15만 불씩 나누어 팔수도 있을 것이다. 이때 15만 불에 해당하는 것을 지분(분할, 몫)이라고 한다. 이렇게 취득한 주주들은 연말에 식당의 수익을 지분대로 나누어 가지게 되고 의사결정을 위한 투표권도 10표 중에 1표씩 갖게 되는 것이다.(1/10씩 취득한 경우) 다른 방법으로는 한 주에 $1,000 하여 능력대로 사도록 하는 방법도 있다. 또 지분을 3,000주로 나누어 당신이 절반인 1,500주를 소유하고 나머지를 $500씩에 나누어 팔수도 있다. 이렇게 하면 이익은 나누어 갖게 되지만 당신이 대주주가 되어 식당의 경영권을 가지게 된다. 동시에 주식을 판 $750,000에 해당하는 자금을 은행에 보유하게 된다.

Stock, at its core, is really that simple. It represents ownership of a company's assets and profits. A dividend(배당금)on a share of stock represents that share's portion of the company's profits, generally dispersed yearly. If the restaurant has 10 owners, each owning one share of stock, and the restaurant makes $75,000 in profit during the year, then each owner gets a dividend of $7,500. A large company like IBM has millions of shares of stock outstanding … about 1.7 billion in February 2004 (see Quicken: International Business Machines for details). In this case, the total profits of the company are divided by 1.7 billion and sent to the shareholders as dividends.

One measure of the value of a company, at least as far as investors are concerned, is the product of the number of outstanding shares multiplied by the share price. This value is called the capitalization of the company.

주식은 말 그대로 간단한 것이며 회사의 자산과 이익에 대한 소유권을 나타낸다. 주식 지분에 대한 배당금은 일반적으로 1년에 1번 지급하는 회사 이익의 지분을 나타낸다. 식당에 1주씩을 가진 주인이 10명이고 식당의 연간 수익이 $75,000이라면 배당금은 각기 $7,500이 되는 것이다. IBM과 같은 대형 회사는 수백만주의 주식을 발행하였고 – 2004년 2월의 발행주식수 (약 1.7 빌리언), 이 경우, 회사의 총 수익을 이 주식수로 나누어 배당금이 지급되는 것이다. 적어도 투자와 관련하여 기업가치를 측정하는 한 방법은 발행주식수에 주가를 곱하는 것이다. 이 가치를 회사의 자본화라고 한다.

기업의 가치(자본화) 발행주식수 x 액면가 = 자본금, 발행주식수 x 주가 = 기업가치

3. A STOCK EXCHANGE

증권거래

If I am a private citizen who owns a restaurant, and I am selling my restaurant stock to other private citizens in the community, I might do the whole transaction by word-of-mouth, or by placing an ad in the newspaper. This makes selling the stock easy for me. However, it creates a problem down the line for investors who want to sell their stock in the restaurant. The seller has to go out and find a buyer, which can be hard. A "stock market" solves this problem.

Stocks in publicly traded companies are bought and sold at a stock market (also known as a stock exchange). The New York Stock Exchange (NYSE) is an example of such a market. In your neighborhood, you have a "supermarket" that sells food. The reason you go the supermarket is because you can go to one place and buy all of the different types of food that you need in one stop … it's a lot more convenient than driving around to the butcher, the dairy farmer, the baker, etc. The NYSE is a supermarket for stocks. The NYSE can be thought of as a big room where everyone who wants to buy and sell shares of stocks can go to do their buying and selling.

증권거래: 내가 개인이고 또 이 지역의 개인들에게 식당을 팔려고 한다면 입소문이나 신문광고를 해서 거래를 할 수 있다. 이 방법이 나에게 쉬울 것이다. 그러나 식당의 지분을 가진 투자자들이 지분을 팔려고 하는 경우 구매자를 찾는 것이 쉽지 않기 때문에 증권시장이 이런 문제를 해결하는 것이다.
공적으로 거래되는 회사의 주식은 증권시장에서 매매된다, 뉴욕증권거래소(NYSE)가 이러한 증권시장의 한 예이다. 이웃에는 식품을 파는 슈퍼마켓이 있다. 슈퍼마켓에 가는 이유는 한 번만에 필요한 모든 식품을 살 수 있기 때문에 정육점, 낙농점, 빵가게 들을 둘러보는 것 보다 편리하기 때문이다. NYSE는 증권의 슈퍼마켓이다. NYSE는 주식을 사고팔려는 사람은 누구나 들러서 거래할 수 있는 큰 공간으로 생각하면 된다.

The exchange makes buying and selling easy. You don't have to actually travel to New York to visit the New York Stock Exchange ... you can call a stock broker who does business with the NYSE, and he or she will go to the NYSE on your behalf to buy or sell your stock. If the exchange did not exist, buying or selling stock would be a lot harder. You would have to place a classified ad in the newspaper, wait for a call and haggle on a price whenever you wanted to sell stock. With an exchange in place, you can buy and sell shares instantly.

거래소는 매매를 쉽게 해준다. NYSE를 가려고 뉴욕에 갈 필요도 없다. NYSE와 함께 일하는 중개인(중개소)를 찾으면 중개인이 여러분을 대신하여 거래를 체결해 준다. 거래소가 없으면 증권의 매매가 보다 어렵다. 아마 신문의 광고를 이용하거나 거래 시마다 가격을 흥정해야 할 것이다.

The stock exchange has an interesting side effect. Because all the buying and selling is concentrated in one place, it allows the price of a stock to be known every second of the day. Therefore, investors can watch as a stock's price fluctuates based on news from the company, media reports, national economic news and lots of other factors. Buyers and sellers take all of these factors into account. So, for example, when the FAA(Federal Aviation Administration) shut down the company ValuJet for a month in June 1996, the value of the stock plummeted. Investors could not be sure that the airline represented a going concern(계속기업)and began selling, driving the price down. The asset value of the company acted as a floor on the share price.
The price of a stock also reflects the dividend that the stock pays, the projected earnings of the company in the future, the price of tea in China (especially Lipton stock) and so on.

증권거래소는 재미있는 부작용도 있다. 모든 매매가 한 장소에 집중되어 있기 때문에 매일 매 시점의 주가를 알 수 있다. 그러므로 투자자들은 회사의 소식, 매체의 보고서, 국가의 경제소식과 다른 많은 다른 요소에 근거하여 변동하는 주가를 파악할 수 있다. 구매자와 판매자들은 이 모든 요소를 고려한다. 그래서 예를 들면 FAA(연방항공관리국)는 1996년 6월에 '밸류젯'이라는 회사를 닫았는데 그 회사의 가치는 직강하 하였다. 투자자들은 항공사가 계속기업을 의미하는지 알 수가 없었고 팔기 시작하였으며 가격하락을 주도하였다.
주가는 또한, 주식에 대해 지불하는 배당과 예를 들어 중국에서 차(립톤)의 가격과 같은 미래에 창출될 것으로 보는 예상수익을 반영한다.

4. CORPORATIONS

주식회사

Any business that wants to sell shares of stock to a number of different people does so by turning itself into a corporation(주식회사). The process of turning a business into a corporation is called incorporating(법인화).

주식을 다수의 다른 사람들에게 팔고자 하는 회사는 주식회사로 전환함으로써 그렇게 할 수 있다. 주식회사로 전환하는 과정을 법인화라고 한다.

If you start a restaurant by taking your own money to buy the building and the equipment, then what you have done is formed a sole proprietorship(개인회사). You own the entire restaurant yourself … you get to make all of the decisions and you keep all of the profit. If three people pool their money together and start a restaurant as a team, what they have done is formed a partnership(합자회사). The three people own the restaurant themselves, sharing the profit and decision-making.

건물과 장비를 자신의 자금으로 구매하여 식당을 운영한다면 당신은 개인회사를 만든 것이다. 식당의 전부를 당신이 소유하고 있다. 의사결정도 스스로 하고 이익도 모두 다 갖는다. 만약 세 사람이 모여 함께 식당을 하고 있다면 합자회사가 된다. 세 사람이 식당을 공동 소유하고 의사결정과 이익도 함께한다.

A corporation is different, and it is a pretty interesting concept. A corporation is a "virtual person." That is, a corporation is registered with the government, it has a social security number (known as a federal tax ID number), it can own property, it can go to court to sue people, it can be sued and it can make contracts. By definition, a corporation has stock that can be bought and sold, and all of the owners of the corporation hold shares of stock in the corporation to represent their ownership. One incredibly interesting characteristic of this "virtual person" is that it has an indefinite and potentially infinite life span.

법인은 다르다. 아주 재미있는 개념이다. 회사는 가상의 사람이다. 즉, 회사는 정부에 등록되고 연방납세번호(사업자등록번호)를 받는다. 회사가 재산을 소유할 수 있고 사람을 법원에 고소할 수도 있고 계약을 할 수도 있다. 정의상으로는 회사가 사고 팔 주식을 가질 수도 있으며 회사의 모든 주주는 회사의 소유권을 나타내기 위하여 회사의 주식을 소유한다. 또 하나의 믿기지 않는 다른 특성으로 이 '가상의 인격체 = 법인'은 죽지도 않고 영원히 사는 것으로 본다.

There is a whole body of law that controls corporations ... these laws are in place to protect the shareholders and the public. These laws control a number of things about how a corporation operates and is organized. For example, every corporation has a board of directors(if all of the shares of a corporation are owned by one person, then that one person can decide that there will only be one person on the board of directors, but there is still a board). The shareholders in the company meet every year to vote on the people for the board. The board of directors makes the decisions for the company. It hires the officers (the president and other major officers of the company), makes the company's decisions and sets the company's policies. The board of directors can be thought of as the brain of the virtual person.

회사를 통제할 법이 있는데 이 법으로 주주와 대중을 보호할 수가 있다. 이 법은 회사의 운영과 조직에 대한 많은 것을 다룬다. 예를 들면, 모든 회사에는 이사회가 있는데 주주가 주주총회에서 이사를 선임하는 투표를 한다. 이사회는 경영에 필요한 결정을 한다. 즉 사원을 뽑고, 중요 의사결정을 하고 정책을 세운다. 이사회가 바로 법인의 두뇌에 해당한다.

5. SHAREHOLDERS

주주

From this description, you can see that a corporation has a group of owners … the shareholders. The owners elect a board of directors to make the company's major decisions. The owners of a corporation become owners by buying shares of stock in the corporation. The board of directors(이사회) decides how many total shares there will be. For example, a company might have one million shares of stock. The company can either be privately held or publicly held. In a privately held company, the shares of stock are owned by a small number of people who probably all know one another. They buy and sell their shares amongst themselves. A publicly held company is owned by thousands of people who trade their shares on a public stock exchange.

주주는 회사의 소유주이고 많은 주주들 중에서 이사회를 구성하며 이사회는 회사가 발행할 총 주식수를 결정한다. 주식의 대부분을 일부 소수가 소유하면 사기업이고 증권시장에서 공개적으로 거래하면 공기업(公企業)이라 한다.

One of the big reasons why corporations exist is to create a structure for collecting lots of investment dollars in a business. Let's say that you would like to start your own airline. Most people cannot do this, because an airplane costs millions of dollars. An airline needs a whole fleet of planes and other equipment, plus it has to hire a lot of employees. A person who wants to start an airline will therefore form a corporation and sell stock in order to collect the money needed to get started.

항공회사를 세워 운영하려면 비행기를 사야하고 다른 많은 자금을 필요로 한다. 그래서 개인이 하기에는 어려움이 많고 거액의 자금을 끌어 모우기 위해 주식을 팔고 그 돈으로 사업을 하게 된다. 주주에게는 사업 후에 이익을 나누어 주는데 이를 배당이라고 한다. 주식을 팔아 자금을 모우는 곳이 증권시장이다. 회사를 증권시장에 최초로 등록하는 것을 IPO(기업공개)라고 한다. 기업공개는 엄정한 심사를 거쳐야 한다.

A corporation is an easy way to gather large quantities of investment capital ... money from investors. When a corporation first sells stock to the public, it does so in an IPO(Initial Public Offering). The company might sell one million shares of stock at $20 a share to raise $20 million very quickly (that is a simplification ... the brokerage house in charge of the IPO will extract its fee from the $20 million, but let's ignore that here). The company then invests the $20 million in equipment and employees. The investors (the shareholders who bought the $20 million in stock) hope that with the equipment and employees, the company will make a profit and pay a dividend.

- 주식회사는 투자자들로부터 많은 투자 자본을 끌어 모을 수 있는 쉬운 방법이 있다. 주식회사는 우선 주식을 대중들에게 판다. 그것은 최초의 기업공개와 같은 방식이다. 회사가 주당 $20에 1백만 주를 팔면 2천만 불을 빠르게 확보한다.(실제로는 중개인의 비용을 차감해야 하지만 여기서는 단순하게 설명하기 위해 중개비용은 무시한다.) 회사는 이 2천만 불로 장비를 구입하거나 종업원에게(인건비를) 지불한다. 투자자(2천만 불의 주식을 산 사람들)들은 구입한 장비와 종업원들로부터 회사가 이익을 내고 배당금을 줄 것으로 기대한다.
- IPO: 최초 기업공개
  시민들이 증권시장에서 믿을만한 회사의 주식을 거래할 수 있도록 해야 한다. 따라서 정부가 인정한 자격을 가진 공인회계사가 심사를 하여 통과한 기업체의 주식만 증권시장에서 거래할 수 있도록 하고 있다.

Another reason that corporations exist is to limit the liability(부채) of the owners to some extent. If the corporation gets sued, it is the corporation that pays the settlement. The corporation may go out of business, but that is the worst that can happen. If you are a sole proprietor who owns a restaurant and the restaurant gets sued, you are the one who is being sued. "You" and "the restaurant" are the same thing. If you lose the suit then you, personally, can lose everything you own in the process.

주식회사가 존재하는 다른 이유는 소유주의 부채를 어느 정도 범위를 두는 것이다. 주식회사가 소송을 당하면 갚아야 할 금액(settlement)을 갚는 것은 (투자자가 아니라) 회사이다. 주식회사가 문을 닫을 수도 있다. 그러나 그런 나쁜 일이 실제로 일어난다. 만약 여러분이 식당과 같은 개인회사를 소유하고 있으며 소송을 당한다면 여러분이 직접 피고가 되는 것이다. 당신과 식당이 동일한 대상이 된다. 소송에서 지게 되면 여러분은 모든 것을 다 잃게 된다.

6. STOCK PRICES

주가

Let's say that a new corporation is created and in its IPO it raises $20 million by selling one million shares for $20 a share. The corporation buys its equipment and hires its employees with that money. In the first year, when all the income and expenses are added up, the company makes a profit of $1 million. The board of directors of the company can decide to do a number of things with that $1 million:

- It could put it in the bank and save it for a rainy day.
- It could decide to give all of the profits to its shareholders, so it would declare a dividend of $1 per share.
- It could use the money to buy more equipment and hire more employees to expand the company.
- It could pick some combination of these three options.

If a company traditionally pays out most its profits to its shareholders, it is generally called an income stock(수익주). The shareholders get income from the company's profits. If the company puts most of the money back into the business, it is called a growth stock(성장주). The company is trying to grow larger by increasing the amount of equipment and the number of people who run it.

주가: 새 회사를 만들고 최초기업공개로 주당 $20에 백만 주를 발행해서 2천만 불을 납입 받았다고 하자. 주식회사는 그 돈으로 장비를 구입하고 종업원을 고용한다. 첫해에 수입과 비용이 발생하고 회사가 백만 불의 이익을 얻었다고 하자. 이사회는 백만 불에 대한 의사결정을 여러 가지로 할 수 있다.

- 어려울 때를 대비해 은행에 저축해 둔다.
- 이 돈을 모두 주주들에게 배당하기로 한다. 주당 $1의 배당이 된다.
- 회사의 확장을 위하여 장비를 구입하고 종업원 채용에 다 쓴다.

위 3가지를 적절히 혼용한다. 만약 회사가 전통적으로 이익의 대부분을 주주에게 배당한다면 이것은 수익주라고 한다. 주주는 회사의 이익으로부터 소득을 얻는다. 만약 회사가 수익의 대부분을 사업에 도로 사용했다면 주식은 성장주라고 부른다. 회사는 장비와 종업원 수를 늘림으로서 보다 더 성장하려고 하는 것이다.

Stock Prices: Income vs. Growth

The price of an income stock tends to stay fairly flat. That is, from year to year, the price of the stock tends to remain about the same unless profits (and therefore dividends) go up. People are getting their money each year and the business is not growing. This would be the case for stock in a single restaurant that distributes all of its profits to the shareholders each year.

주가: 수익주와 성장주의 비교

수익주의 주가는 별로 변동하지 않는 경향이 있다. 즉, 수익(배당)이 현저히 늘어나지 않는 한 매년 주가는 거의 비슷한 수준이다. 투자자는 매년 돈을 걷어 들이고 사업은 성장하지 않는다. 이 사례는 식당에서 번 돈을 매년 주인이 가져가고 식당은 커지지 않는 것과 같다. 만약 식당이 몇 년 동안 이익을 비축하여 다른 식당을 하나 더 열기로 했다면 회사의 성장을 도모한 것이다.

Let's say that the single restaurant decides, for several years, to save its profits, and eventually it opens a second restaurant. That is the behavior of a growth company. The value of the stock rises because, when the second restaurant opens, there is twice as much equipment and twice as much profit being earned by the company. In a growth stock, the shareholders do not get a yearly dividend, but they own a company whose value is increasing. Therefore, the shareholders can get more money when they sell their shares … someone buying the stock would see the increasing book value of the company (the value of the buildings, equipment, etc.) and the increasing profit that the company is earning and, based on these factors, pay a higher price for the stock.

이 식당이 수년 동안 번 이익을 비축하기로 했다고 하자. 결국 그 돈으로 다른 식당을 샀다면 이 행동은 회사의 성장을 위한 것이다. 두 번째 식당을 열었을 때 주가는 올라가는데 그 이유는 집기와 설비가 2배로 많아졌고 이익도 더 늘어날 것이기 때문이다. 성장주의 경우 주주는 매년 배당금을 받지는 못한다. 그러나 가치가 올라간 기업을 소유하는 것이다. 그러므로 주주는 그 주식을 팔 때에 더 많은 돈을 벌 수 있는 것이다. 그 주식을 사는 사람은 기업의 장부가치(건물, 장비 등의 가치)와 이익이 올리가 있는 깃을 일고 이러한 요소들을 근거로 너 많은 돈을 지불하는 것이다.

In a publicly traded company, all of the financial information about the company is public. The Securities and Exchange Commission (SEC) 증권감독원 is in charge of collecting this information and making it available to investors. Shareholders also use a number of other indicators to determine how much a stock is worth. One simple indicator is the price/earnings ratio(주가수익비율). This is the price of the stock divided by the earnings per share. There are all sorts of indicators like these, as well as a great deal of other financial information available on any stock. You can look up all of it on the Web in thousands of different places … see the links at the end of this article for details.

공적으로 (주식이) 거래되는 회사는 모든 재무정보가 공개된다. 증권감독원은 이런 정보를 수집해서 투자자들이 볼 수 있도록 할 책임이 있다. 주주들은 주식이 얼마나 가치가 있는가를 결정하는 다른 많은 지표를 이용한다. 한 예를 들자면 주가수익비율이다. 이 비율은 주가를 주당이익으로 나눈 값이다. 이런 유사한 많은 지표가 있고 많은 다른 재무 정보도 이용가능하다. 여러분은 수천의 다른 웹사이트에서 이 모든 정보를 찾아볼 수 있다. 자세한 링크를 보세요.

- 한국의 증권거래소는 증권선물거래소라고 부른다. 정부기관의 서울집중화를 해소하고자 부산으로 이전하였다. 사실상의 증권-선물 거래는 대부분 증권회사와 인터넷을 통한 거래(cyber trading)로 이루어진다. 선물(futures)은 미래의 일정시점에 지금 정한 가격으로 교환(거래)하는 계약을 말한다. 예측력이 우수해야 한다.

Stock Averages(주가평균)

Every day on the news you hear about the Dow Jones Industrial Average, and other averages like the S&P 500 or The Russell 2000. These are broad market averages designed to tell you how companies traded on the stock market are doing in general. For example, the Dow Jones Industrial Average is simply the average value of 30 large, industrial stocks. Big companies like General Motors, Goodyear, IBM and Exxon are the companies that make up this index. The S&P 500 is the average value of 500 large companies. The Russel 2000 index averages the values of 2,000 smaller companies.

주가평균: 매일 뉴스에서 다우존즈 주가평균이나 스탠다드 엔 푸어스 주가평균, 또는 서셀 2000 같은 이야기를 듣는다. 이러한 지표는 증권시장에서 일반적으로 거래되는 광범한 시장의 평균이다. 예를 들어 다우존즈 산업평균은 30대 대기업의 주가를 평균한 것이다. 여기에 해당하는 대기업은 General Motors, Goodyear, IBM, Exxon 같은 기업들이다. S&P 500 지수는 500대 대시업의 주가평균이다. Russel 2000 지수는 두 지수에서 다루지 않는 2,000개 기업의 주가 평균이다.

Wall Street's bronze bull, by Arturo De Modica, located at the northern tip of Bowling Green

월가에 있는 청동 황소 상

What these averages tell you is the general health of stock prices as a whole. If the economy is "doing well," then the prices of stocks as a group tend to rise in what is referred to as a "bull market." If it is "doing poorly," prices as a group tend to fall in what is called a "bear market." The averages reveal these tendencies in the market as a whole.

주가 평균은 대개 개별주식의 건강상태를 말해준다. 경제가 잘 돌아간다면 주가는 함께 올라가는 경향이 있는데 이를 황소시장(상승장)이라 하고 경기가 침체한다면 주가지수가 떨어지고 곰시장 (하락장)이라 한다. 주가지수는 대개 시장의 경향을 나타낸다.

7. EXCHANGES AND BROKERS

증권거래소와 중개인

There are three big stock exchanges in the United States:

- NYSE - New York Stock Exchange
- AMEX - American Stock Exchange
- NASDAQ - National Association of Securities Dealers

A company "lists" its stock on an exchange. For example, the NYSE has about 3,000 companies listed. According to the NYSE:

At the end of November, 1998, there were 3,104 companies with stock listed on the NYSE. These companies had over 236 billion shares worth a total of $10.1 trillion available for trading on the Exchange, giving the NYSE the world's largest market capitalization (in global market-value terms, the total global value of the NYSE-listed companies exceeded $12.8 trillion).

List라는 말은 목록에 들어 있다는 뜻으로 listed company는 상장법인(회사)이라는 뜻이다. 상장주식은 증권시장에서 거래할 수 있는 주식이라는 뜻이고 이는 정부가 비교적 건강하고 우수한 회사를 골라 증권시장에서 국민이 믿고 거래할 수 있도록 관리하는 것이다. 미국에는 뉴욕증권거래소(3,000여 개 사 소속됨, 1998년 11월에는 3,104 기업이 상장됨), 아메리카 증권거래소, 나스닥이 있으며 한국에는 한국증권선물거래소, 코스닥이 있다.

Anyone who wants to buy or sell stock in any of these 3,000 or so companies goes to the New York Stock Exchange to do it. Of course, no one wants to fly to New York to buy or sell their shares. A person therefore calls a stock broker in a firm that is authorized to trade at the exchange. There are dozens of such brokerage houses, including such familiar names as Merrill Lynch, Charles Schwab and Morgan Stanley. When you call up a broker at one of these companies, he or she relays your trade to the floor of the appropriate exchange, and a representative of the company (or, more commonly, a computer representing the company) makes the trade on your behalf. You pay the broker a commission(거래수수료, generally $10 to $100 per trade, depending on the broker) to provide this service to you. Today, you can also trade stock online … Stocks that are not listed on an exchange are sold Over The Counter(OTC). OTC stocks are generally in smaller, riskier companies. Usually, an OTC stock is stock in a company that does not meet the requirements of an exchange.

누구라도 이러한 3,000여 개 사의 주식을 거래하려면 뉴욕증권거래소에 가면 된다. 물론 직접 뉴욕증권거래소가 있는 현장으로 갈 필요는 없다. 거래소에서 승인한 중개인에게 연락을 하면 된다. 이러한 중개소는 많다. 익숙한 이름으로는 메릴 린치, 찰즈 스왑, 모건 스탠리 등이다. 이회사의 중개인에게 연락하면 중개인은 중개시스템을 이용하여 여러분의 거래를 돕는다. 여러분은 중개사에 수수료를 지불해야 한다. 일반적으로 거래당 $10~$100이다. 여러분은 온라인으로 거래를 할 수도 있다.

- OTC는 점두시장이라고 하며 증권시장이 아닌 장외시장으로 비교적 위험이 높고 규모가 적은 회사의 주식을 거래하는 곳이다. 일반적으로 OTC 주식은 증권시장(exchange)에서 요구하는 조건을 충족시키지 못하는 회사의 주식이다.

8. CONCLUSION

결론

As we have learned in the past about our personal finances and investing, the stock market is a very good way of preparing for your future. The stock market can provide many opportunities for you to increase your investments and help give yourself a more financial independent future.

우리가 이전에 개인의 재무와 투자에 대해서 배운 바와 같이 우리의 장래를 위하여 증권시장은 전도가 유망한 대안이다. 증권투자를 통하여 재산을 증식하고 재정적으로 자립할 길을 찾을 수 있을 것이다.

- 주의사항: 충분한 경험을 얻고 자신감을 가지기 전까지는 무리하게 투자해서는 안 된다.
- 돈이 드는 직접투자 대신, 몇 가지 회사를 골라 (그 주식을 샀다고 가정하고 판매시점을 정하여 매매차익이 어떠한지) 모의실험을 하는 것이 좋습니다.
- 시간이 없는 사람은 약간의 돈을 모아 펀드에 투자하면 됩니다. 펀드는 투자전문가(금융기관)가 여러 사람들의 푼돈을 모아 목돈을 만든 후 그 돈으로 적절하게 투자한 후 이익을 분배하는 방식이다.

※ 증권에 관심을 가지려면 아래의 금융투자협회 자료를 보시기 바랍니다. 여유 자금이 있으면 장기분산투자를 기본으로 권합니다. 더 많은 정보는 DART에 있습니다.

From http://www.kofia.or.kr/
https://dart.fss.or.kr

CHAPTER 06

25 RULES TO GROW RICH BY

학습목표

의술의 발달과 쾌적한 환경으로 우리의 수명은 길어지고 있다. 그러나 노후를 위한 부의 축적은 근검과 절약의 습관으로부터 나온다. 알아두면 유익한 25가지 생활의 지혜를 공부해 보자. 이 자료는 미국을 배경으로 만든 것이다. 우리에게 맞는 것만 골라 적용할 것이지만 근검, 절약의 지혜는 동·서간에 다 통한다는 것을 알 수 있다.

- 65세까지 일하고 25년을 더 사는 90세 까지를 대비한다.
  - 배우자는?
  - 가족은?
- 현명하게 살아가기 위해 배워 두어야 할 생활의 지혜입니다.

Rule 1

For return on investment, the best home renovation is to upgrade an old bathroom. Kitchens come in second.
집값을 제대로 받기 위한 방안으로는 중급으로 화장실을 개조하고 그 다음에 부엌을 개조하라.

The return on investment on a mid-range bath modernization is 102% of its cost. Kitchens can add about 90% of their costs to the home's value. Another home improvement that can pay off is window replacement. Not only does this job return about 90% on investment when the house is resold, it saves on energy bills every year. As a rule, upscale improvements pay off at lower rates than mid-range or inexpensive ones. And making a house bigger and more luxurious that those of your neighbors will also cost a lot more than they'll return when the house is sold.

중급으로 화장실을 개조하면 비용의 102%를 회수할 수 있다. 부엌을 개조하면 비용의 90%가 집값을 올린다. 창문을 바꾸면 득이 된다. 집을 팔 때 창문 개조비의 90%를 회수할 수 있을 뿐만 아니라 매년 난방비를 절약할 수 있다. 대개 돈을 많이 들여 개량을 하면 중급의 개량이나 비싼 돈을 들이지 않고 개량한 것 보다 이득이 적다. 이웃보다 크고 사치스럽게 집을 개량하면 집을 팔 때 얻을 수 있는 것 보다 비용이 더 들어간다.

Rule 2

It's worth refinancing your mortgage when you can cut your interest rate by at least one point.

이자를 조금이라도 낮추려면 모기지(주택담보대출)를 갈아타라.

There are transaction costs and fees involved in any refinancing that must be either paid out of pocket or added to the mortgage principal. Some of those costs can be considerable. Title insurance can easily run into four figures and broker fees can be expensive as well. Like many things in life, timing is everything here. Is your job likely to relocate soon? Will you need a bigger house in the next couple of years? Unless you're planning to stay in the home for a while, the benefits of a lower monthly bill may not be worth the additional expenses that refinancing generates.

융자조건에는 거래비용과 수수료가 포함되어 있어 이를 내거나 아니면 원금에 합산된다. 이 비용도 상당해서 고려해야 한다. 부동산 담보보험 또한 4자리 숫자가 되기 쉽고(1천불이 넘기 쉽고) 중개비용 또한 비싸다. 인생사에서와 마찬가지로 타이밍이 중요하다. 직장이 바뀔 것 같은가? 수년 내에 큰 집을 필요로 하는가? 지금 사는 집에 오래도록 살 계획이라면 매달 적게 내는 요금이 재융자로부터 얻는 가외의 비용보다 가치가 적을 수도 있다.

Rule 3

Spend no more than 2 1/2 times your income on a home. For a down payment, it's best to come up with at least 20%.
주택 구입에 소득의 2.5배를 넘지 마라. 계약금은 20% 정도까지 높이는 것이 좋다.

Many buyers in recent years have stretched the limits of affordability, and have bypassed the traditional 20% down model. But make a smaller down payment, and most lenders will require you to have private mortgage insurance (PMI), which adds a minimum 0.5% of the loan amount to your mortgage payments, about $1,000 more a year on a $200,000 principal.

최근에 주택 구입자들이 월부금을 감당할 능력을 넘어서는 경향이 있다. 계약금은 일반적으로 원금의 20%인데 이를 무시한다. 계약금을 낮추면 대부분의 금융기관은 사설 모기지 보험을 들게 하는데 이것은 적어도 할부총액의 0.5%를 넘는다. 할부 원금이 20만 불이라면 이 보험료(없어지는 비용)가 연간 1천불이나 된다.

Rule 4

Your total housing payments should not exceed 28% of your gross income. Total debt payments should come in under 36%.
주거 관련 비용은 총 소득의 28%를 넘지 않도록, 모든 부채상환액은 소득의 36% 이하로 하라.

These guidelines include payment on all loans, such as school and auto loans and credit card debt. Also remember to take into account other home- related expenses to judge a house's affordability. Property and school taxes, home insurance and energy costs and requirements can vary considerably around the nation. Try to estimate future maintenance costs and work them into your budget. Some homes, especially older ones, may require more regular upkeep than homes built with more modern materials. Roofs, siding and heating, cooling, plumbing, and electric services may have to be replaced within a few years of purchase.

이 지침은 학비 융자, 신용카드 빚 등 모든 대출에 대하여 적용된다. 또한 다른 주거관련 비용의 감당능력을 고려해야 한다. 재산세와 교육세, 주택보험과 난방비, 다른 비용은 나라마다 다르지만, 미래의 수선비용을 짐작하여 예산에 반영하라. 오래된 집은 새집보다 유지비가 더 들 것이다. 지붕, 벽면, 냉난방, 배관, 전기 등이 구입한지 수년 내에 대체해야할 것들이다.

Rule 5

Never hire a roofer, driveway paver or chimney sweep who is going door to door.

무자격 수리공을 쓰지 마라 – 값싼 것이 비지떡이다.

Even if these contractors aren't scam artists, they may lack licensing and insurance. If a worker gets hurt on your property it could wind up costing a lot more than you bargained for. Instead, get contractor recommendations from friends, neighbors or relatives. Check references and get documentation of insurance coverage. And don't put more than 10% down for the job. Mete out the payments gradually as work is done and withhold the final 25% until you're satisfied with the completed project.

이들이 사기꾼은 아니지만 면허나 보험이 없는 경우가 있다. 작업자가 여러분의 재산을 상하게 한 경우 절약한 수선비보다 더 많은 비용이 든다. 대신, 친구나 친척, 이웃이 추천한 유자격자와 계약하라. 참고서류와 배상 보험의 내용을 확인하고 계약금은 10% 이상 주지 마라. 일의 진척도에 따라 대금을 주고 일이 다되어 만족할 때 까지 25% 정도는 남겨두어라.

Rule 6

All else being equal, the best place to invest is a 401(k). Once you've earned the full company match, max out a Roth IRA. Still have money to invest? Put more in your 401(k) or a traditional IRA.

다른 조건이 같으면 401(K)에 투자하라. 남으면 은퇴연금계획에 활용하라.

One of the keys to saving for the long run is keeping as much money as possible shielded from taxes. A 401(k) gives you that and more: You also get an immediate tax break, because contributions come out of your paycheck before taxes are withheld. And there's the possibility of a matching contribution from your employer, that's free money. The federal limit on annual contributions has been increasing gradually, and is $15,000 in 2006. If you're 50 or older, you may contribute an additional $5,000. With a Roth IRA, you get no immediate tax break, but withdrawals in retirement will be tax-free. You can make at least a partial contribution to a Roth if your modified adjusted gross income is less than $110,000, if you're single, or less than $160,000, if you're married and filing jointly.

장기저축의 핵심은 면세가 되는 한도까지 저축을 하는 것이다. 401(K) -은퇴연금저축- 가 면세혜택이 크다. 원천징수 하기 전에 급여에서 분담금을 내므로 즉각적인 면세를 받는다. 회사부담의 불입금은 공짜다. 연간 연금불입액이 점차 증가하여 2006년에 15,000불이다. 50세 이상은 5,000불을 더 불입할 수 있다. Roth IRA는 즉각적인 면세는 없지만 은퇴시의 인출은 면세다. 여러분이 독신이고 조정된 연간 총소득이 11만 불 이하이거나, 결혼했고 조정된 연간 소득이 16만 불 이하이면 Roth IRA에 약간을 불입할 수 있다.

Rule 7

To figure out what percentage of your money should be in stocks, subtract your age from 120.

주식투자비율 = 120 – 나이

Since 1926, stocks have returned an annual average of 10.5 percent, long- term government bonds returned 5.1 percent, and "cash," measured by Treasury bills and other short-term investments, has returned just 3.1 percent. In other words, if you're investing for the long-term, stocks are the place to be. But in the short term, the stock market can be downright dangerous, with much more severe drops than the bond market has. That's where this rule comes in - the younger you are, the more time you have to recover from stock-market crashes. As you get older, you should gradually move money out of stocks and into bonds.

1926년 이후 미국에서 주식 수익률은 매년 평균 10.5% 이었고 장기 국채의 수익률은 5.1% 이었다, 단기 채권과 다른 단기 투자로 측정하는 현금의 수익률은 3.1% 정도이다. 달리말하자면 장기 투자는 주식이고 단기 투자로는 주식이 위험하다. 채권시장보다 주식시장이 낙폭이 크다. 그렇기 때문에 나이가 젊다면 주식투자로 손실을 입어도 만회할 기회가 있기 때문에 주식에 편입하고 나이가 들수록 채권으로 옮기라는 것이다.

Rule 8

Invest no more than 10% of your portfolio in your company stock - or any single company's stock, for that matter.

회사 주식 투자는 10% 이하로, 어느 주식도 몰아서 사지 마라.

In a bear market, it's tough to find a safe-haven, a lot of the stocks in your portfolio will be sinking too. But don't compound the risk by holding too much in any one stock. The most recent dramatic example of just how serious this "specific-stock" risk can be is Enron, which imploded after its executives allegedly engaged in various acts of malfeasance. But a company with perfectly honest management might fall on hard times too. And if it's your employer's stock, you're in an even worse position? not only will your portfolio be decimated, but your job could be at risk too.

하락장에서는 누구도 안전한 주식을 찾기 어렵고 소유주식의 주가가 내려간다. 한 주식을 너무 매집함으로서 위험을 가중시키지 마라. 이런 좋은 예가 불법행위에 가담한 엔론의 주식이다. 그러나 완전히 부정을 하지 않은 기업의 주가도 내려간다. 여러분이 다니는 회사의 주식도 가격이 내려가면 손실을 보고 직장도 잃을 위험이 있다.

Rule 9

The most you should pay in annual fees for a mutual fund is 1% for a large-company stock fund, 1.3% for any other type of stock fund and 0.6% for a U.S. bond fund.

뮤추얼 펀드: 대기업 펀드 1%, 다른 주식 펀드 1.3%, 미국 채권펀드에 0.6% 정도의 연간 요금을 지불해야 한다.

Running a mutual fund isn't free? companies have to pay for research, managers' salaries, and so on. Those costs are borne by the investors in the funds and get deducted from returns. A percentage point here and there may not sound like much, but a fund manager needs to pick a lot of great stocks to make up for those costs.

뮤추얼 펀드를 운영하는 것은 공짜가 아니다. 회사는 연구와 경영자의 급여 등에 지불을 해야 한다. 이러한 비용은 투자자의 펀드나 운용수익에서 부담한다. 1%의 수치는 커 보이지 않을 수도 있지만 펀드매니저는 이러한 비용을 충당할 우량주식을 선별할 수 있어야 한다.

Rule 10

Aim to build a retirement nest egg that is 25 times the annual investment income you need.

은퇴 후 소요자금은 필요로 하는 연간 투자소득의 25배로 하라.

So if you want $40,000 a year to supplement Social Security and a pension, you must save $1 million. This rule is based on the amount that you can safely withdraw from your nest egg in retirement. The single most effective thing you can do to ensure that your money will last is to start out with a low withdrawal rate of 4 percent, then raise that amount annually to compensate for a cost-of-living increase or inflation. The reason is that if a bear market hits early in retirement, an enormous loss can put such a big dent in the portfolio that it won't be able to recover in time to benefit when the market rebounds.

연금과 사회보장 소득 외에 연간 4만 불이 필요하다면, 1백만 불을 저축해야 한다. 이 법칙은 은퇴 후 안전하게 이자를 뽑아먹을 방법으로 계산한 것이다. 원금이 지속되도록 여러분이 할 수 있는 가장 효과적인 일은 4%의 낮은 인출 율로 출발하는 것이다. 그러고는 점진적으로 생활비 증가나 인플레이션에 맞추어 증가하는 것이다. 그 이유는 은퇴 후 초기에 경기가 안 좋으면 투자자금에 큰 영향을 줄 수 있고 시장이 반등하여도 회복하기가 어렵기 때문이다.

Rule 11

If you don't understand how an investment works, don't buy it.
투자 시스템을 모르면 그 방법으로는 투자하지 마라.

There is no shortage of investment products out there. In addition to stocks and bonds, there are exotic hedge funds and insurance products. Fortunately, you don't have to try and make sense out of them. In fact, you can construct a sensible portfolio with just two index mutual funds - one stock and one bond. To reach your goals, you don't need to shoot for spectacular returns. Individual investors can outpace the market with moderately above- average returns in good times, as long as they don't lose too much money in bad times.

투자 상품은 얼마든지 있다. 주식과 채권 말고도 신종의 헤지 펀드나 보험 상품들이 있다. 다행이도 그런 상품에 시도할 필요도 없고 이해하지 않아도 된다. 사실, 여러분은 두 가지 뮤추얼 펀드와 하나의 주식, 채권 종목으로도 현명한 포트폴리오를 구성할 수 있다. 목표에 도달하기 위해 큰 수익을 겨냥할 필요가 없고 약세장에서 많이 잃지 않도록 하고 활황에 평균치를 넘도록 하면 앞서가는 것이다.

Rule 12

If you're not saving 10% of your salary, you aren't saving enough.
급여의 10% 이상 저축하지 않으면 부족하다.

The earlier you start saving, the less you'll need to set aside every year to meet your goals. That's because you allow your money more time to grow- the gains on your invested savings will build on the prior year's gains. That's the power of compounding, and it's the best way to accumulate wealth. Saving at least 10% of your annual salary for retirement is recommended, but the older you start saving, the more you'll need to save. If you start at 50, you may need to put away 30% a year and still postpone retirement by a few years.

저축을 일찍이 시작할수록 목표달성을 위해 매년 비축할 금액이 적게 된다. 그 이유는 돈을 굴릴 기간이 길기 때문이고 이자가 원금에 가산되어 증식되기 때문이다. 그것이 복리의 힘이고 부를 축적하는 최선의 방법이다. 은퇴를 위해 연간 소득의 10%를 저축하라. 그러나 늦게 시작하면 이 비율을 높여야 한다. 50세에 저축을 시작한다면 30%를 저축하고 또 은퇴를 몇 년도 미루어야 한다.

Rule 13

Keep three months' worth of living expenses in a bank savings account or a high-yield money-market fund for emergencies. If you have kids or rely on one income, make it six months'.

저축계좌나 고소득 MMF에 생활비 3개월 치를 저축하라. 자녀가 있고 다른 소득이 없다면 6개월 생활비를 저축하라.

An emergency fund is a hassel to build, but you'll be glad you did next time your transmission sputters or your boss hands you a pink slip. Besides curbing spending where you can and setting aside a small amount of your pay every two weeks, there are several ways to build your cash cushion. Some sources to draw on:

- A bonus or financial gift from a relative.
- Money you get back from a flexible spending account, a transportation reimbursement account or an insurance claim.

- An extra paycheck. If you're paid every two weeks, you'll get 26 paychecks a year. So in some months you'll get three instead of two. If your fixed monthly expenses don't change, you might be able to set aside one paycheck a year.

비상금은 만들기 어렵지만 전출을 해야 하거나 해고통지를 받으면 요긴하게 쓰인다. 매 2주마다 받는 급여에서 떼어내 비상금을 만들기가 쉽지 않지만 비상금을 만들 방안으로는: 보너스나 친척이 주는 자금, 용돈, 출장비 정산, 보험금 수령액 등을 모아 둔다. 매 2주마다 급여를 받는다면 1년에 26회를 받는데 이 경우 한 달에 3번 받는 때가 있다 이때 1회의 것을 따로 떼어 비상금으로 한다.

Rule 14

Aim to accumulate enough money to pay for a third of your kids' college costs. You can borrow the rest or use some of your income to help out when your child is in college.

자녀 대학 학비의 1/3을 비축하라. 자녀가 대학에 가면 부족액은 빌리거나 다른 소득으로 충당한다.

Most parents have trouble saving enough for their retirement. But they still want to help their children pay for college. In the struggle to feed your 401(k) and your child's 529, the 401(k) should win out. That's because there are no scholarships for retirement and your children have a lot of funding options, including financial aid, loans and a job. They also can go to an excellent, but less expensive school. And when they're in college, if you have some extra cash after contributing to your retirement accounts, you can help them pay some of their expenses with it.

대부분의 부모는 은퇴 후 필요한 자금을 충분히 확보하지 못하고 있다. 그럼에도 자녀의 대학 학비를 미리 준비하려고 한다. 은퇴연금인 401(K)를 넣고 자녀의 학자금 계획인 529를 넣기에 힘이 든다면 401(K)는 꼭 넣어야 한다. 왜냐하면 은퇴 후에는 장학금이 없기 때문이다. 자녀의 학자금에는 많은 다른 대안이 있는데 보조금, 대부, 부업 등의 수단이다. 좋지만 등록금이 비싸지 않은 대학에 가는 것도 한 방법이다. 연금을 불입하고도 여유가 있다면 그때 자녀를 위해 지원하면 된다.

Rule 15

You need enough life insurance to replace at least five years of your salary, as much as 10 years if you have several young children or significant debts.
5년 치 급여에 해당하는 생명보험을 들어라. 어린 자녀나 빚이 많으면 10년 치 분을 들어라.

Life insurance lets surviving family members maintain something close to the standard of living they enjoyed prior to you or your spouse's death. Stay-at-home spouses also should have life insurance, since they do all sorts of things that you would need to pay someone else to do in their absence. There are two types of policies:

Cash-value: These cover you for your entire life and includes an investment component.

Term: These cover you for a specific period of time and provide a death benefit only. For most people the choice is a no-brainer - the premiums on a term policy are much lower.

생명보험을 들어야 부모가 사망 후에도 다른 가족들이 표준 생활을 영위할 수가 있다. 주부도 생명보험에 들어야 한다. 주부의 역할도 돈으로 사려고 하면 크기 때문이다. 두 가지 방안이 있다.

현금가: 여러분의 전 생명과 투자 요소를 포함.

기 간: 특정기간 동안의 보상을 하되 사망 시에만 보상한다. 어느 방법이 나은지는 알기 어렵고 기간으로 계약하면 보험금이 낮다.

Rule 16

When you buy insurance, choose the highest deductible you can afford. It's the easiest way to lower your premium.
보험을 들 때, 면책금은 가장 높은 것을 택하라.

It's the open secret of the insurance game: File a claim, your premiums go up. For that reason, it's in your interest - as much as possible - to shoulder small damages out of pocket. For home insurance, raising your deductible from $500 to $1,000 could save you 25% on premiums, according to the Insurance Information Institute.

보험의 공공연한 비밀: 청구를 하면 보험료가 올라간다. 그러므로 작은 사고는 자부담으로 하라. 주택보험의 경우 면책금을 500불, 또는 1천불로 올려라. 그러면 보험료가 25%는 더 내려간다.

Rule 17

The best credit card is a no-fee rewards card that you pay in full every month. But if you carry a balance, high-interest rates will wipe out the benefits.
최상의 신용카드는 당월 전액 결제하는 것이다. 미결제 잔액이 있으면 최고 이자율을 부담해야 한다.

If you carry a balance, you may pay a variable interest rate as high as 19%. And if you've been late with payments or used up too much of your credit limit, you may be hit with a penalty rate, which can run north of 30%. Credit card penalty fees, meanwhile, have been on the rise for years. The average late fee in 2005, for example, was $34, up 162% from $13 in 1995, according to the Government Accountability Office. Over-the-limit fees, meanwhile, were $31, up 138% from $13 during the same period. So no matter how many airline miles or cash back rebates a no-fee rewards card offers you, it won't be enough to compensate you for your very expensive credit card habit.

잔액을 이월하면(할부하면) 19%나 되는 변동이자율을 부담하게 된다. (경우에 따라 더 높을 수도 있다.) 지불이 늦거나 신용한도에 육박하면 30%나 되는 벌과금에 해당하는 이율을 부담하기도 한다. 동시에 신용카드 이자율이 몇 년 동안 올라간다. 미국 신용카드 연체 요금이 1995년의 13불에서 2005년에는 34불로 162%가 올랐고 한도초과 요금도 같은 기간 동안 138% 올랐다고 한다. 그래서 항공 마일리지나 현금보상 리베이트 프로그램 카드도 여러분의 카드 사용습관에 따라서는 도움이 되지 못한다.

Rule 18

The best way to improve your credit score is to pay bills on time and to borrow no more than 30% of your available credit.
신용점수를 높이는 최상의 방법은 대금을 기한 내에 지불하고 신용한도의 30%를 넘지 않는 것이다.

It also helps to pay off debt rather than moving it around because the ratio of your credit card balance to your credit limit is key. Say you owe a total of $2,000 on four credit cards, each of which has a $2,000 limit. Your total credit limit is $8,000, of which your total balance ($2,000) accounts for 25%. If you transfer all your balances to two cards and cancel the other two, your total credit limit is reduced to $4,000, and your $2,000 balance now accounts for 50% of that limit. Also, don't open new accounts when applying for a loan if possible.

신용카드의 신용한도에 대한 신용잔고가 중요한 것이기 때문에 부채를 갚는 것이 중요하다. 신용카드 빚이 2천불이 있고 4개의 카드가 있는데 카드마다 2천불의 한도가 있다고 하자. 그러면 총 신용한도 8천불에 대하여 25%가 된다. 만약 카드 2개를 없애면 신용한도가 4천불이므로 부채 비율이 50%로 올라간다. 빚을 얻기 위해 새로 신용카드를 만들지 마라.

Rule 19

Anyone who calls or e-mails you asking for your Social Security number or information about your bank or credit card account is a scam artist.
주민등록번호, 은행 계좌나 신용카드 번호 등을 원하는 메일이나 전화는 사기꾼의 짓이다.

The scam artist's goal is to steal your money, steal your identity or both. In fact, don't carry anything with your Social Security number on it, and don't offer it to anyone unless it's for tax, employment or credit purposes. There are other ways scammers and identity thieves can get your valuable financial information - for instance, by hacking into a merchant's system and lifting your (and hundreds of other customers') debit card pin numbers. So be sure to monitor online bank and brokerage accounts a few times a week, and if you see any suspicious withdrawals or charges, report it to your financial institution.

사기꾼의 목적은 여러분의 돈과 신원을 훔치는 것이다. 주민등록번호가 적혀 있는 서류를 가지고 다니지 말라. 세금, 고용, 신용 목적 말고는 주민번호를 알려줄 필요가 없다. 사기꾼과 신원정보를 훔치는 사람들이 할 수 있는 일은 해킹을 하거나 직불카드 비밀번호를 훔치는 것이다. 그러므로 은행이나 증권계좌를 자주 확인하고 의심스런 인출이나 과금(課金)이 있었다면 금융기관에 알려 확인해야 한다.

Rule 20

The best way to save money on a car is to buy a late-model used car and drive it until it's junk. A car loses 30% of its value in the first year.

자동차를 사는 가장 좋은 방법은 최신모델의 중고차를 사서 망가질 때까지 타는 것이다. 새 차 값은 첫해에 30% 정도 떨어진다.

Don't believe your father's old-fashioned warnings about buying used. Buying a "pre-owned car" means you've let someone else drive those expensive early miles. Do your research, of course, and look for a reliable model. But today's cars can generally be expected to rack up six-digit odometer numbers before experiencing major mechanical breakdowns. Check Consumer Reports. com for detailed reliability information. Sites like Edmunds.com and Kelley Blue Book's KBB.com can help you narrow down the price you should pay.

중고를 사라는 아버지의 케케묵은 충고를 믿지 마라. 그 대신, 산지 얼마 되지 않은 차를 사라. 조사를 하여 믿을 만한 모델을 찾아보아라. 이제 자동차의 주행기록은 6자리로 된 계기에 잘 나타나 있고 이를 부수기 전에는 조작하기 어렵다. 켈리의 블루북(중고차 시세표) 같은 웹 사이트

에서 여러분이 지불하고자 하는 금액으로 범위를 좁힐 수 있다. *http://www.kbb.com

Rule 21

Lease a new car or truck only if you plan to replace it within two or three years.
2-3년 이내에 대체할 계획이 있을 때만 새 차를 빌려 써라.

Keeping a car at the end of lease-term can cost you thousands more than it would have to simply have bought the car from the get-go. Leasing does have its place, but it's not right for most people. If you're absolutely certain you don't want the car long-term, leasing keeps your monthly payments low. That's because the payments are based on the actual value the car loses during the time you're driving it. Instead of making payments then getting some money back when you trade the car in, as you do when you finance a purchase, with a lease you just don't pay that money out to begin with.

리스 기간이 끝난 후에 차를 소유하려면 처음부터 차를 구입한 경우보다 더 비용이 든다. 차를 빌려 쓰는 데는 그만의 이유가 있지만 대부분의 사람들에게는 적절하지 않다. 만약 자동차를 장기로 소유하지 않는 것이 확실하다면 리스가 월간 비용이 적게 든다. 그것은 차량을 굴리는 동안 가치가 감소하는 만큼 과금(課金)하기 때문이다. *나머지를 해석하시오.

Rule 22

Resist the urge to buy the latest computer or other gadget as soon as it comes out. Wait three months and the price will be lower.
신 모델 컴퓨터나 전자장치는 출시되자마자 사지 말고 기다려라. 3개월이 지나면 가격이 떨어진다.

As with cars, electronics cost the most for those who must be first with the latest cool thing. Let the gadget freaks get their fill, then go shopping when the market has calmed.

Also, those first-in-line buyers can have the fun of discovering the annoying bugs, disappointing features and poorly designed interfaces. You can check the user reviews on C-Net and Amazon. com later to find out for yourself without having spent the money.

자동차와 같이 가전제품도 최신 모델을 남 먼저 가져야 하는 사람들이 가장 많은 비용을 부담한다. 신제품에 열 올리는 사람들이 먼저 사 쓰도록 두고 시장이 진정되면 쇼핑을 하자. 그리고 남 먼저 사서 쓴 사람들이 짜증나는 버그, 불편한 접속장치와 서툰 설계 등을 지적하여 고치고 나면 사도된다. C-Net이나 아마존에서 사용 후기를 잘 살펴보고 사자.

Rule 23

Buy airline tickets early because the cheapest fares are snapped up first. Most seats go on sale 11 months in advance.
항공권은 가능하면 빨리 사라. 가장 싼 좌석은 다른 사람이 사버린다. 가장 싼 좌석은 11개월 전에 세일한다.

Airlines would love it if every passenger would reserve their seat as far in advance as possible. That way, they'd always know how many flights they actually need for each route. So they make it as attractive as possible for people to book early. To punish procrastinators, ticket prices get higher as take-off gets closer. Up to a point, at least. In the end, the airline just wants to fill every seat. So, if there are a few seats left open at the last minute, you can sometimes find a bargain deal. If you really have to fly, though, don't count on that. Airline bean counters have gotten pretty good at knowing just how many seats they need.

항공사는 승객들이 가능한 한 빨리 모든 좌석을 예약하기를 바란다. 그런 방법으로 각 노선에 대한 항공기의 수요를 파악하고자 한다. 그래서 승객들이 일찍이 예약하도록 유인한다. 꾸물거리는 사람이 불리하게 하기 위해서 항공권은 탑승일이 가까울수록 비싸다. 그러나 이것은 어느 정도까지만 그렇다. 최후(탑승시점)에 좌석이 몇 개 남았다면 떨이로 살 수도 있다. 정말 탑승하고자 한다면 그 점을 염두에 두지 마라. 항공사의 통계 전문가들은 몇 개의 좌석이 필요한지를 잘 알고 있다.

Rule 24

Don't redeem frequent flier miles unless you can get more than a dollar's worth of air fare or other stuff for every 100 miles you spend.
100 마일 당 1달러가 안되면 마일리지로 구상(求償)하지 마라.

You typically need 25,000 miles for a domestic round-trip ticket. If the ticket costs less than $250, you're probably better off paying cash. Airlines push redeeming miles online and will charge $5 to $15 to speak to a person. But it may be worth it: the airline representative has access to additional inventory on partner airlines. Your miles stretch further on international flights, which typically require 40,000 to 60,000 miles or more depending on the destination. You want to aim to get $2 worth of airfare for every 100 miles. In other words, for a $1,200 flight to Paris, you'd be getting your money's worth using 60,000 miles.

국내선 왕복 항공권에 2만 5천 마일이 필요하다고 치자. 항공권의 가격이 250불 이하이라면 마일리지를 쓰지 말고 현금으로 사는 것이 낫다. 항공사는 마일리지의 구상에 5불에서 15불 정도를 쓴다. 항공사가 제휴사의 시설을 사용하도록 하거나, 목적지에 따라 4만에서 6만 마일이 되는 거리라면 마일리지로 항공권을 사는 것이 낫다. 달리 말하면 파리의 왕복 항공권이 1천 2백 불이라면 6만 마일과 대등하다는 것이다.

Rule 25

When you shop for electronics, don't pay for an extended warranty. One exception: It's a laptop and the warranty is from the manufacturer.
가전제품을 사면 별도의 보증권(워런티)을 사지 마라. 예외가 있는데 랩톱은 제조업자의 장기 워런티를 사는 것이 좋다.

Most electronics, like PDAs and MP3 players, have few moving parts that are prone to wear. If there's anything defective, you'll probably find out about it within the first few months. Laptops, on the other hand, have parts like hard drives and big screens that can actually fail over time. Plus, laptops can cost thousands of dollars to replace.

PDA나 MP3 같은 대부분의 가전제품은 부속 중에 망가지기 쉬운 것이 있다. 만약 결함이 있다면 산지 몇 개월 내에 발견하기 쉽다. 그러나 랩톱은 하드디스크나 스크린이 중요한데 사용정도에 따라 서서히 가치가 감소한다. 새로 사기에도 가격이 부담되므로 워런티를 사는 것이 좋다.

From http://money.cnn.com/popups/2006/moneymag/25_rules/index.html

성공한 사람들이 사는 모습을 들여다보는 것은 좋은 것이다

PART 3

New Technologies

07. How I Work?
08. Warriors of the Net
09. Information Technologies

CHAPTER 07

HOW I WORK?

학습목표

성공한 사람들이 사는 모습을 들여다보는 것도 좋은 것이다. 성공이란 노력 없이 그냥 주어지는 것은 아니다. 비록 약간의 운이 따라야 하겠지만 준비하지 않은 상태에서 거저 얻을 수 있는 것은 아니기 때문이다. 인생에 서너 번의 기회가 온다고 한다. 그러나 대부분의 사람들은 준비가 되지 않아 그 기회를 잡지 못하게 된다고 한다.

세계적인 거부, 마이크로소프트사의 전 회장 빌 게이츠, 이제 그는 세계적인 기부재단을 만들어 그가 번 돈의 대부분을 도로 사회에 환원하고 있지만 그가 살아온 방식은 남다르다. 특히나 그의 '생각주간'은 온전히 자신을 성찰하고 새로운 아이디어를 발굴하는 소중한 시간인 것이다. 여러분은 주변의 모든 간섭으로부터 완전히 차단된 자신만의 시간이 있습니까?

HOW I WORK: Bill Gates

Years to when Microsoft (Research) was starting and realize how work has been transformed. We're finally getting close to what I call the digital work style.

마이크로소프트를 설립한지 30년, 그 동안 어떻게 변모했는지를 보면 믿어지지가 않는다. 우리는 내가 말한 소위 디지털 업무 스타일에 접근하였다.

If you look at this office, there isn't much paper in it. On my desk I have three screens, synchronized to form a single desktop. I can drag items from one screen to the next. Once you have that large display area, you'll never go back, because it has a direct impact on productivity.

여러분이 그의 사무실을 보면 종이(서류)가 별로 없다는 것을 알 수 있다. 내 책상에는 스크린이 3개가 있는데 하나의 컴퓨터로 동시에 작동합니다. 일단, 한 스크린에서 내용을 뽑아 다음 스크린으로 옮기고 큰 스크린으로 옮기면 생산성에 영향을 주지 않도록 다시 되돌리지 않는다.

The screen on the left has my list of e-mails. On the center screen is usually the specific e-mail I'm reading and responding to. And my browser is on the right-hand screen. This setup gives me the ability to glance and see what new has come in while I'm working on something, and to bring up a link that's related to an e-mail and look at it while the e-mail is still in front of me.

왼쪽 화면은 이메일 리스트를 보여준다. 가운데 화면은 내가 알고 있거나 답하는 메일을 보여주고 오른쪽 화면은 웹 브라우저이다. 이렇게 정하니 내가 작업을 하는 동안에 새로 온 메일을 확인할 수 있고 이메일을 보면서 이메일과 관련된 링크를 연결할 수도 있다.

At Microsoft, e-mail is the medium of choice, more than phone calls, documents, blogs, bulletin boards, or even meetings (voice mails and faxes are actually integrated into our e-mail in-boxes).

MS에서 이메일은 전화나 문서, 블로그, 게시판, 또는 회의(음성메일이나 팩스는 받은 이메일 함에 들어온다)보다 선택이 가능한 매체이다.

I get about 100 e-mails a day. We apply filtering to keep it to that level - e-mail comes straight to me from anyone I've ever corresponded with, anyone from Microsoft, Intel, HP, and all the other partner companies, and anyone I know. And I always see a write-up from my assistant of any other e-mail, from companies that aren't on my permission list or individuals I don't know. That way I know what people are praising us for, what they are complaining about, and what they are asking.

•• 나는 하루 100여 개의 이메일을 받는다. 이메일은 내가 보냈던 사람에게서 오거나, 마이크로소프트, 인텔, 휴렛패커드 또는 다른 거래처나 아는 사람에게서 오는 것 말고는 걸러서 받지 않는다. 모르는 사람이나 허가하지 않은 사람 한데서 오는 메일에 대해서는 비서로부터 보고를 받는다. 그래서 우리를 칭찬하거나 불평하거나 요청하는 내용을 알게 된다. *Write-up: 기사

We're at the point now where the challenge isn't how to communicate effectively with e-mail, it's ensuring that you spend your time on the e-mail that matters most. I use tools like "in-box rules" and search folders to mark and group messages based on their content and importance.

•• 우리는 이메일로 효과적인 통신을 하는 것을 추구하는 시점을 지나 가장 중요한 이메일에 시간을 쏟을 수 있도록 하는 시점에 있다. 나는 '받은 편지함' 규칙과 같은 도구를 사용하여 내용과 중요성에 따라 메시지를 표시하고 분류하기 위하여 폴더를 검색한다.

I'm not big onto-do lists. Instead, I use e-mail and desktop folders and my online calendar. So when I walk up to my desk, I can focus on the e-mails I've flagged and check the folders that are monitoring particular projects and particular blogs.

•• 나는 할일 목록을 좋아하지 않고 대신에 이메일과 데스크 탑 폴더, 온라인 캘린더를 이용한다. 그래서 책상으로 가면 깃 표시를 한 메일에 집중하고 특정 프로젝트나 특정 블로그를 모니터 하기 위해 폴더를 확인한다. *big on: 좋아하다.

Outlook also has a little notification box that comes up in the lower right whenever a new e-mail comes in. We call it the toast. I'm very disciplined about ignoring that unless I see that it's a high-priority topic.

•• 아웃룩(이메일 프로그램)은 새 이메일이 오면 우측하단에 표시를 해 준다. 우리는 그것을 토스트라고 부른다. 나는 그것이 우선순위가 높지 않을 때에는 열어보지 않고 무시하도록 노력한다.

Staying focused is one issue; that's the problem of information overload. The other problem is information underload. Being flooded with information doesn't mean we have the right information or that we're in touch with the right people.

집중을 하는 것이 하나의 이슈인데 그것은 정보과부하의 문제이다. 다른 문제는 정보부족의 문제인데 정보의 홍수라고 해서 우리가 바른 정보를 갖는다거나 바른 사람을 만난다는 것은 아니기 때문이다.

I deal with this by using 'SharePoint,' a tool that creates websites for col- laboration on specific projects. These sites contain plans, schedules, discussion boards, and other information, and they can be created by just about anyone in the company with a couple of clicks.

나는 특정 프로젝트를 협업할 수 있도록 웹사이트를 만드는 도구인 쉐어포인트를 이용하여 이 문제를 해결하고 있다. 이 사이트는 계획, 일정수립, 토론 방, 다른 정보 등이 있고 몇 번의 클릭으로 회사 내의 누구라도 참여할 수 있다.

Right now, I'm getting ready for Think Week. In May, I'll go off for a week and read 100 or more papers from Microsoft employees that examine issues related to the company and the future of technology. I've been doing this for over 12 years. It used to be an all-paper process in which I was the only one doing the reading and commenting. Today the whole process is digital and open to the entire company.

지금, 나는 '생각하는 주'를 준비하고 있다. 5월에 1주 휴가를 내서 회사와 관련 있고 미래의 기술과 관련이 있는 문제를 검토하기 위하여 종업원들이 낸 100건 이상의 페이퍼를 읽는 것이다. 나는 과거 12년 동안 이렇게 해 왔다. 나 혼자서 모두를 읽고 의견을 덧붙이는 것이 휴가 중의 일이다. 오늘날, 전 과정은 디지털로 진행되고 회사 전체에 의견을 내도록 문을 열었다.

I'm now far more efficient in picking the right papers to read, and I can add electronic comments that everyone sees in real time.

이제 읽을 만한 페이퍼를 잘 골라내고 전자적으로 의견을 붙여 사내의 누구라도 실시간에 볼 수 있도록 하고 있다.

Microsoft has more than 50,000 people, so when I'm thinking, "Hey, what's the future of the online payment system?" or "What's a great way to keep track of your memories of your kid?" or any neat new thing, I write it down. Then people can see it and say, "No, you're wrong" or "Did you know about this work being done at such-and-such a place?"

MS는 5만 명이 넘기에 내가 온라인 지불시스템의 미래모습은? 자녀들의 기억을 오래 간직하는 좋은 방법은? 또는 근사한 새로운 일에 대해 생각할 때 나는 적어서 물어 본다. 그러면 사람들이 읽어보고, '아니, 당신은 틀렸어,' 라거나 '이 일이 어디 어디서 이루어지고 있는 것을 몰랐어?' 하고 답한다.

SharePoint puts me in touch with lots of people deep in the organization. It's like having a super-website that lets many people edit and discuss far more than the standard practice of sending e-mails with enclosures. And it notifies you if anything comes up in an area you're interested in.

쉐어포인트는 사내의 모든 사람들과 깊은 관계를 맺게 해준다. 그것은 파일을 동봉한 이메일을 보내는 것보다 많은 사람들이 편집하고 토론하는 초대형 웹사이트를 갖는 것과 같다.

Another digital tool that has had a big effection my productivity is desktop search. It has transformed the way I access information on my PC, on servers, and on the Internet. With larger hard drives and increasing bandwidth, I now have gigabytes of information on my PC and servers in the form of e-mails, documents, media files, contact databases, and so on.

내 업무의 생산성을 현저히 높여주는 또 다른 디지털 도구는 데스크 탑 검색이다. 내 PC나 서버, 인터넷에 있는 정보에 접속하는 방법을 변형시킨 것이 데스크 탑 검색이다. 대형 하드 드라이브와 초광대역 통신망으로 내 PC와 서버에 이메일, 문서, 미디어 파일, 연락자료 DB 등,

수 기가바이트의 정보를 담아두고 있다. *contact DB: 주소 등 연락처 모음.

Instead of having to navigate through folders to find that one document where I think a piece of information might be, I simply type search terms into a toolbar and all the e-mails and documents that contain that information are at my fingertips. The same goes for phone numbers and email addresses.

•• 어떤 정보가 들어 있을 것으로 생각하는 폴더를 찾아보는 대신에 툴 바에 검색용어를 치면 그 정보를 담은 모든 메일이나 문서 등이 바로 뜬다. 전화번호나 이메일 주소도 이렇게 하여 바로 뜬다.

Paper is no longer a big part of my day. I get 90% of my news online, and when I go to a meeting and want to jot things down, I bring my Tablet PC. It's fully synchronized with my office machine so I have all the files I need. It also has a note-taking piece of software called 'OneNote,' so all my notes are in digital form.

•• 내 일과에 종이는 이제 별 볼일 없다. 뉴스의 90%를 온라인으로 보고, 회의에 가서 메모를 하려면 태블릿 피시를 가져간다. 사무실의 기기와 동기화 되어 있어서 모든 필요한 파일을 가질 수 있다. 완노트라는 프로그램으로 메모도 쉽게 한다. 그래서 모든 메모도 디지털이다.

The one low-tech piece of equipment still in my office is my 'whiteboard'. I always have nice color pens, and it's great for brainstorming when I'm with other people, and even sometimes by myself.

•• 내 사무실에 한 가지 기술을 적용하지 않은 물건이 있는데 그것은 화이트보드이다. 좋은 색 펜을 가지고 다른 사람과 머리를 짤 때나 혼자서 궁리할 때에는 요긴하다.

The whiteboards in some Microsoft offices have the ability to capture an image and send it up to the computer, almost like a huge Tablet PC. I don't have that right now, but probably I'll get a digital whiteboard in the next year. Today, if there's something up there that's brilliant, I just get out my pen and my Tablet PC and recreate it.

MS 오피스는 다른 대형 태블릿 피시처럼 화이트보드의 내용을 컴퓨터로 받아간다. 지금은 이 기능이 없지만 내년에는 이 기능이 있는 화이트보드를 들여 놓은 생각이다. 오늘날, 만약 더 똑똑한 장비가 있다면 펜이나 태블릿 피시를 들어내고 그것을 개조할 것이다.

Days are often filled with meetings. It's a nice luxury to get some time to go write up my thoughts or follow up on meetings during the day. But sometimes that doesn't happen. So then it's great after the kids go to bed to be able to just sit at home and go through whatever e-mail I didn't get to. If the entire week is very busy, it's the weekend when I'll send the long, thoughtful pieces of e-mail. When people come in Monday morning, they'll see that I've been quite busy and they'll have a lot of e-mail.

하루 종일 회의를 할 때도 있다. 하루 중에 회의를 재음미하거나 내 생각을 적어볼 시간이 있으면 즐겁다. 그러나 그런 일이 일어나지 않는 경우도 많다. 그럴 때면 아이들이 잠든 후, 집에서 챙기지 못한 메일을 살핀다. 주중에 계속 바쁘면, 길고 의미심장한 메일을 보내는 것은 주말에 한다. 사람들이 월요일에 출근하면 내가 바쁜 가운데 보낸 메일을 볼 것이다.

생각해 봅시다

이 글은 2006년에 Fortune에 실린 기사를 옮긴 것입니다. 비록 지나간 시절의 글이긴 하지만 그가 살았던-성공으로 이끌었던 삶의 한 방식입니다.

- 이 글을 읽고 어떤 느낌을 받았습니까?
- 당신은 당신만의 '생각주간'을 가질 수 있습니까?
- 안 된다면 그 이유는 무엇입니까?

CHAPTER 08

WARRIORS OF THE NET

학습목표

20세기의 최대 발명품은 무엇일까요? 어떤 사람들은 컴퓨터라고 한다. 또 다른 것을 댈 수도 있겠지만 나는 인터넷이라고 말하고 싶다. 초고속 광대역 통신망에 더하여, 무선망까지 연결이 되고 있고 조만간 통신이 안 되는 구역이 없어진다면 세계는 바로 실시간으로 이어진 공간이 될 것이다. 이러한 인터넷을 활용하면서 간단히 그 기술적인 개념을 알아보는 것이 필요하다.

비교적 쉬운 표현으로 비전문가들에게도 알 수 있도록 만든 내용이다. 여기에 나오는 용어는 생활용어와 같은 것이므로 익혀두면 편리할 것이다. 이 내용은 동영상의 대본이다. 약 13분간 진행되는 동영상을 함께 보면 더욱 이해를 하기 쉬울 것이다.

동영상은 https://www.youtube.com/watch?v=RhvKm0RdUY0에서 볼 수 있습니다.

WARRIORS OF THE NET: 통신망의 전사(戰士)들

For the first time in history people and machinery are working together, realizing a dream. A uniting force that knows no geographical boundaries. Without regard to race, creed or color. A new era where communication truly brings people together. This is the Dawn of The Net.

사상 처음으로 사람과 기계가 함께 일하며 꿈을 실현하고 있습니다. 이 결속력은 지리적 경계가 없다는 것을 알지요. 인종, 종교, 피부색깔에 관계없습니다. 통신이 진정으로 사람들을 함께하게 하는 새로운 시대. 이것이 (통신)망의 여명(黎明)입니다.

Want to know how it works? Click here to begin your journey into the Net.
Now exactly what happened when you clicked on that link? You started a flow of information. This information travels down to your own personal mail-room where Mr. IP packages it, labels it and sends it on its way. Each packet is limited in its size. The mail-room must decide how to divide the information and how to package it.

그것이 어떻게 작동하는지 알고 싶나요? 여기를 눌러 망 속으로 여행하세요. 링크를 누르니 무슨 일이 일어났지요? 여러분은 정보의 흐름을 따라 갑니다. 이 정보는 IP씨가 이 정보를 포장하고, 표지를 붙이고, 행선지로 보내는 일을 하는, 여러분의 개인 메일 방으로 여행합니다. 각 패킷은 사이즈가 제한됩니다. 메일 방은 정보를 어떻게 나누고 어떻게 포장할 지를 결정해야 합니다. *패킷: 인터넷을 따라 오가는 정보의 단위, 화물이 데이터라면 패킷은 컨테이너라고 생각하면 된다. IP: 인터넷 프로토콜이라는 말로 패킷이 송신자와 수신자간에 잘 전달되도록 하는 통신프로그램이다. 편지가 패킷이라면 IP는 우체국의 집배송 방법과 같다.

The IP packet now needs a label, containing important information such as senders address, receivers address and the type of packet it is. Because this particular packet is going out onto the Internet, it also gets an address for the Proxy Server which has a special function as we'll see later.

IP 패킷은 송신자 주소, 수신자주소, 이 패킷의 형태 등을 담은 중요한 정보를 포함하는 표지가 필요합니다. 왜냐하면 이 중요한 패킷은 인터넷을 따라 나가며 나중에 볼 특수기능을 가진 프록시 서버에 대한 주소를 얻습니다.

The packet is now launched onto your Local Area Network or LAN. This network is used to connect all the local computers, routers, printers etc. for information exchange within the physical walls of the building. The LAN is a pretty uncontrolled place and unfortunately accidents can happen.

그 패킷은 근거리통신망(LAN)을 따라가도록 실립니다. 랜은 건물의 실제 외벽 이내에 있는 정보의 교환을 위해서 모든 현지의 컴퓨터, 라우터, 프린터 등을 연결하는데 쓰입니다. 랜은 아주 통제되지 않은 곳이라서 불행히도 사고가 자주 일어날 수 있습니다.

The highway of the LAN is packed with all types of information. There are IP packets, Novell packets, Apple Talk packets - Uh, they're going against traffic as usual. The local router reads the address and if necessary lifts the packet onto another network.

랜의 고속도로는 모든 형태의 정보가 실려 있습니다. IP 패킷도 있고 노벨 패킷, 애플토크 패킷이 있습니다. 어, 이들이 대개 트래픽에 저항하는군요. 현지 라우터가 주소를 읽고 필요한 경우 패킷을 자기 통신망으로 들어 올리네요.

Ah the router. A symbol of control in a seemingly disorganized world. There he is..systematic, uncaring, methodical, conservative and sometimes not quite up to speed. But he is exact … for the most part.

아, 라우터 좀 봐. 조직화되지 않은 세상에서 통제의 상징이군요. 라우터는 체계적이고, 부주의하고, 질서정연하고, 보수적이고, 가끔은 속도가 떨어지기도 해요. 그러나 라우터는 … 대부분의 경우 정확해요.

As the packets leave the router, they make their way into the corporate intranet and head for the router switch. A bit more efficient than the router, the router switch plays fast and loose with IP packets deftly routing them along their way. A digital pin-ball wizard if you will.

패킷이 라우터를 떠남에 따라 회사의 인트라넷으로 가는 길을 스스로 만들며 라우터 스위치를 향하여 떠납니다. 라우터 보다 약간 더 효과적인 라우터스위치는 빠르게 작동하며 IP 패킷과는 자유롭고 능숙하게 패킷이 제 갈 길을 따라가도록 합니다. 여러분이 원한다면 디지털 핀볼 마법사 같지요.

As packets arrive at their destination they are picked up by the network interface, ready to be sent to the next level. In this case, the proxy. The proxy is used by many companies as a sort of "middleman" in order to lessen the load on their Internet connection. And for security reasons as well. We can see that the packet are all of various sizes, depending on their content.

패킷이 목적지에 도착하면 통신망 접속장치가 패킷을 들어 올려 다음 수준으로 보내려 합니다. 이 경우에 프록시를 쓰는데 프록시는 많은 회사가 자신의 인터넷 연결에 짐을 덜어주기 위해 쓰는 것으로 중간자 역할을 합니다. 그리고 보안 때문에 쓰기도 합니다. 우리는 패킷이 그 내용물에 따라 크기가 다양하다는 것을 알 수 있습니다.

The proxy opens the packet and looks for the WEB address or URL. Depending upon whether the address is acceptable…the packet is sent on to the Internet. There are, however, some addresses which do not meet with the approval of the proxy (that is to say corporate or management guidelines). These are summarily dealt with. We'll have none of that. For those who make it, it's on the road again.

프록시는 패킷을 열어 웹 주소나 URL을 확인합니다. 주소가 받아도 될 만한 것이라면 패킷을 다음 인터넷으로 보냅니다.(아니면 없애버리지요.) 그러나 프록시가 승인할 수 없는 주소(회사나 경영자의 정책에 따라)도 있습니다. 이러한 것들은 즉결처분합니다. 우리는 그런 것들은 하나도 갖지 않습니다. 그것을 만든 사람들을 위하여 그것(패킷)은 다시 노정에 오릅니다.

Next up - the Fire Wall. The corporate Fire Wall serves two purposes. It prevents some rather nasty things from the Internet from coming into the intranet. And it also can prevent sensitive corporate information from being sent out to the Internet.

다음은 방화벽입니다. 회사의 방화벽은 두 가지 목적으로 쓰입니다. 방화벽은 위험한 것이 인터넷에서 인트라넷으로 들어오는 것을 막습니다. 또한 회사의 중요한 정보가 인터넷으로 새어나가는 것을 막습니다. *인트라넷: 회사 또는 조직 내부의 통신망을 말한다. 학생들이 집에서 학교의 학생정보시스템에 접속하는 것도 인트리넷에 접속하는 것이다.

Once through the fire wall, a router picks up the packet and places it on to a much narrower road or band-width, as we say. Obviously, the road is not broad enough to take them all. Now you might wonder what happens to all those packets which don't make it along the way. Well, when Mr. IP doesn't receive an acknowledgment that a packet has been received in due time, he simply sends a replacement packet.

일단 방화벽을 통과하면 라우터가 패킷을 집어 들고 훨씬 좁은 길(또는 대역폭)에 올려둡니다. 그 길은 그들 모두가 함께 갈 수 없을 정도로 좁습니다. 이제 그 길을 따라 가지 못하는 다른 패킷들은 어떻게 되는지 궁금하지요? IP씨가 패킷이 기한 내에 도달되었다는 확인을 받지 못하면 다시 대체 패킷을 보냅니다.

We are now ready to enter the world of the Internet. A spider web of interconnected networks which spans our entire globe. Here, routers and switches establish links between networks.

이제 우리는 인터넷의 세계에 들어갈 준비가 되었습니다. 상호 연결된 거미줄은 전 세계를 범위로 합니다. 여기에 라우터와 스위치가 통신망들 간의 연결을 안정되게 해 줍니다.

Now, the Net is an entirely different environment than you'll find within the protected walls of your LAN. Out here, it's the Wild West. Plenty of space, plenty of opportunities, plenty of things to explore and places to go. Thanks to very little control and regulation new ideas find fertile soil to push the envelope of their possibilities. But because of this freedom, certain dangers also lurk. You'll never know when you'll meet the dreaded Ping Of Death. A special version of a normal request Ping which some idiot thought up to mess up unsuspecting hosts.

이제 인터넷은 여러분의 랜이라는 보호된 벽 안에서 볼 수 있는 것과는 전혀 다른 환경입니다. 바깥인 이곳은 사나운 서부와 같지요. 공간도 많고 기회도 많고, 탐구할 것과 갈 곳도 많습니다. 통제와 규제가 적기 때문에 새로운 아이디어가 있으면 그 가능성을 펼칠 비옥한 토양을 발견합니다. 그러나 자유가 많아서 위험도 잠복해 있습니다. 여러분은 언제 무서운 '죽음의 핑'을 만날지 모릅니다. 어떤 바보 같은 녀석이 만들어 낸 정상적으로 요청하는 핑의 특수버전(죽음의 핑)은 의심하지 않는 호스트를 엉망으로 만들 수 있어요.

The paths our packets take maybe via satellite, telephone lines, wireless or even trans-oceanic cable. They don't always take the fastest or shortest routes possible, but they probably will get there - eventually. Maybe that's why it's sometimes known as the World Wide Wait. But when everything is working smoothly, you can circumvent the globe 5 times over, at the drop of a hat - literally. And all for the cost of a local call or less.

패킷이 지나가는 길은 위성과 전화선, 무선이나 심지어 대양을 건너는 케이블입니다. 패킷은 언제나 최신, 최단거리를 취하지는 않지만 결국에는 목적지에 도달합니다. 아마도 그래서 '월드와이드웹'을 '월드와이드웨잇'이라 부르는 이유이기도 합니다. (*느려서 기다리게 한다는 비꼰 말) 그러나 모든 것이 순탄하게 작용하면 말 그대로 모자가 땅에 떨어지는 동안 지구를 5 바퀴나 돌 수도 있습니다. 모든 것이 시내 전화 요금 정도이거나 그보다 덜 들 수도 있습니다.

Near the end of our destination, we'll find another Fire Wall. Depending upon your perspective as a data packet, the fire wall can be a bastion of security or a dreaded adversary. It all depends on which side your on and what your intentions are.

목적지 근처에서 우리는 또 다른 방화벽을 만나게 됩니다. 데이터 패킷에 대한 여러분의 관점에 따라 방화벽은 보안의 요새가 되기도 하고 무서운 적이 될 수도 있습니다. 그것은 여러분이 어느 편에 있는지와 어떤 의도를 가졌는지에 달려있습니다.

The Fire Wall is designed to let in only those packets that meet its criteria. This wall is operating on ports 80 and 25. All attempts to enter through other ports are closed for business. Port 25 is used for mail packets, while port 80 is the entrance for packets from the Internet to the Web server.

방화벽은 패킷이 미리 정한 기준을 충족하면 들여보내도록 설계되어 있습니다. 이 방화벽은 포트 번호 80과 25에서만 작동합니다. 다른 포트를 통하여 들어오려고 하는 모든 패킷은 막습니다. 포트 25번은 메일 패킷용이고 80번 포트는 인터넷에서 웹서버로 패킷이 들어오는 통로입니다.

Inside the fire wall, packets are screened more thoroughly, some packets make easily through "customs" while others look just a bit dubious. The Fire Wall officer is not easily fooled, such as when this ping of death packet tried to disguise itself as a "normal" ping packet. For those packets lucky enough to make this far, the journey is almost over. It's just to line up on the interface to be taken up into the web server.

방화벽 내부에서 패킷은 철저하게 검사를 받습니다. 세관(입국심사)을 쉽게 통과하는 패킷도 있지만 의심을 받는 패킷도 있습니다. 방화벽 심사관은 이 '죽음의 핑' 패킷이 '정상적인 핑 패킷'으로 변장하려고 하는 등의 수법에 쉽게 속지 않습니다. 이러한 과정을 운 좋게 통과한 패킷은 여행이 거의 끝납니다. 패킷들은 웹 서버에 들어가도록 접속(장치)에 정렬합니다.

Nowadays, a web server can run on many things. From a mainframe, to a web-cam to the computer on your desk. Or why not your refrigerator? With the proper set-up, you can find out if you the makings for Chicken Catchitory or if you have to go shopping. Remember this is the Dawn of the Net - almost anything's possible.

오늘날 웹 서버는 여러 가지에서 돌아갈 수 있습니다. 대형 컴퓨터로부터 웹 캠, 또는 여러분의 컴퓨터에까지 다 될 수 있습니다. 그런데 냉장고는 안 되나요? 적절한 장치를 하면 만약 여러분이 '치킨 캐치토리'를 만들거나 쇼핑을 가야 하는 경우 (그 답을) 알아낼 수 있습니다. 기억하세요. – 거의 모든 것이 인터넷으로 가능한 – 이것이 통신망의 여명입니다.

One by one, the packets are received, opened and unpacked. The information they contained, that is your request for information is sent onto the Web server application. The packet itself is recycled. Ready to be used again. And filled with your requested information. Addressed and sent out on its way back to you. Back past the fire walls, routers, and on through the Internet. Back through your corporate fire wall and onto your interface.

하나씩 하나씩 패킷이 접수되면 뚜껑을 열어 풉니다. 패킷에 담긴 정보는 그것이 여러분이 요청한 정보이면 웹서버의 응용프로그램에 실리게 되지요. 패킷 그 자체는 재사용됩니다. 다시 보낼 준비를 하게 되고 여러분이 요청하는 정보로 채워집니다. 주소를 붙이고 여러분이 받을 여정으로 보냅니다. 방화벽을 지나, 라우터를 거쳐 인터넷을 통과합니다. 회사의 방화벽을 통과하고 여러분의 접속장치에 옵니다.

Ready to supply your web browser with the information you requested.

여러분이 요청한 정보는 웹 브라우저에 공급할(보여줄) 준비가 됩니다.

That is - this film.

그것을 보여주는 것이 이 영화죠.

Pleased with their efforts and trusting in a better world, our trusty data packets ride off blissfully into the sunset of another day, knowing fully they have served their masters well.

보다나은 세상에서 그들의 노력과 신용으로 영광스럽게도 우리들의 믿을만한 데이터 패킷은 그들이 주인을 잘 섬겼다는 것을 알고 내일의 일몰 속으로 기쁨에 차서 내려앉습니다.

Now isn't that a happy ending?

이것이 해피엔딩 아니겠어요?

CHAPTER 09

INFORMATION TECHNOLOGIES

학습목표

정보기술의 발달은 세상을 변화시키고 있다. 컴퓨터와 통신 기술의 발달로 사이버 공간의 크기는 점점 커져서 우리는 세컨드 라이프를 누리고 있다. 가상의 공간이 실재하고 있다. 인터넷을 이용하지 않고는 생활이 불가능할 정도이다. 이 메일과 메신저로 연락을 해야 하고 인터넷으로 은행거래를 하며 사이버 강의를 들어야 한다. 업무 또한 인트라넷으로 접속하여 그룹웨어를 이용해야 한다.

이 장에서는 새로이 나타나는 중요한 정보기술에 대하여 알아보고 기술의 개요를 익히도록 한다. 2005년부터 미국의 공인회계사회가 기업 활동과 관련하여 중요하다고 판단하는 기술들을 2007년까지 모은 것이다. 2015년에 등장한 최신 기술은 5절에서 설명합니다.

1. TOP TECHNOLOGIES OF 2005

For the third consecutive year, Information Security is the country's number one technology concern, according to the AICPA's (American Institute Certified Public Accountants) 2005 Top 10 Technologies survey.

미국공인회계사협회가 조사한 2005년의 10대 기술에서 정보보안은 연달아서 3년간 국가의 중요한 기술 관심사였다.

Spam Technology—an issue closely associated with Information Security- apparently has lost some currency, falling from number two where it debuted last year to number four. A different issue closely allied with Information Security-Electronic Data Management, or the Paperless Office-moved up to second place from number three.

스팸 기술은 정보보안과 밀접하게 관련되어 있는데 전년의 2위에서 4위로 추락한 것으로 보아 유행을 잃는 것임에 틀림없다. 정보보안과 아류인 전자자료관리 - 종이 없는 사무실 - 는 3위에서 2위로 올랐다.

There are also two technologies making their debut in 2005: Authentication Technologies and Storage Technologies. Another issue, Learning and Training Competency, reappears at number 10 after an absence of three years.

2005년에 새로 등장한 기술이 2개 있는데 인증기술과 저장기술이다. 다른 문제는 교육과 훈련의 역량으로 지난 3년간 빠졌다가 다시 순위에 올랐다.

The following are the 2005 Top 10 Technologies. Those new to the list are noted.

1.1 INFORMATION SECURITY

The hardware, software, processes, and procedures in place to protect an organization's information systems from internal and external threats.

정보보안: 내외부의 위협으로부터 조직의 정보시스템을 보호하기 위해 설치하는 하드웨어, 소프트웨어, 업무처리과정과 절차.

1.2 ELECTRONIC DOCUMENT MANAGEMENT

(PAPERLESS OR LESS-PAPER OFFICE)

The process of capturing, indexing, storing, retrieving, searching, and managing documents electronically. Formats include PDF, digital, and image store database technologies.

전자문서관리 (서류가 없거나 거의 없는 사무실): 전자적으로 문서를 만들고, 색인하고, 저장하고, 검색하고, 찾고, 관리하는 과정.

1.3 DATA INTEGRATION

The ability to update one field and have it automatically synchronizes between multiple databases, such as the automatic/seamless transfer of client information between all systems. In this instance, only the data flows across systems from platform to platform or application to application. Data Integration also involves the application-neutral exchange of information. For example, the increased use of XBRL (eXtensible Business Reporting Language) by companies worldwide provides for the seamless exchange and aggregation of financial data to meet the needs of different user groups using different applications to read, present, and analyze data.

자료의 무결성: 복수의 데이이터베이스에서 한 필드의 값을 바꾸면 동시에 관련된 모든 데이터 베이스의 그 자료 값이 자동으로 바뀌게 하는 능력.
예를 들어 여러분의 전화번호가 바뀌어 학교의 데이터베이스에 수정하였다면 나머지 다른 곳의 전화번호도 동시에 저절로 바뀌어야 하는데 그렇게 하는 것을 자료의 무결성(통합)이라 한다. 이 예에서 시스템의 자료 흐름은 플랫폼에서 플랫폼, 응용(프로그램)에서 응용(프로그램)으로 흐른다. 자료의 무결성은 정보의 교환에 응용과는 관련이 없다. 예를 들면, 세상의 회사들이 XBRL을 많이 쓰는데 서로 다른 그룹이 서로 다른 응용을 이용하여 재무자료를 읽고 제공하고 분석하는데 문제가 없도록 자료의 교환과 수집을 가능하게 한다.

1.4 SPAM TECHNOLOGY

The use of technology to reduce or eliminate unwanted e-mail commonly known as spam.

스팸기술: 스팸으로 불리는 원하지 않는 메일을 감소시키거나 제거하는 기술을 이용하는 것.

1.5 DISASTER RECOVERY

The development, monitoring, and updating of the process by which organizations plan for continuity of their business in the event of business information resources through theft, virus/malware infestation, weather damage, accidents, or other malicious destruction. Disaster recovery includes business continuation, contingency planning, and disk recovery technologies and processes.

재난복구: 기업의 정보자원이 도난, 바이러스, 악성프로그램, 악천후, 사고, 다른 악의적인 파괴 등과 같은 여러 가지 사유로 사업의 중단이 없도록 계획을 세우고 개발, 감시, 갱신을 하는 과정.

1.6 COLLABORATION AND MESSAGING TECHNOLOGIES

Applications that allow users to communicate electronically, including e-mail, voicemail, universal messaging, instant messaging, e-mailed voice messages, and digital faxing. Examples include a computer conference using the keyboard (a keyboard chat) over the Internet among two or more people.

협업과 메시지 전달기술: 이용자들이 전자적으로 소통을 하도록 하는 응용(프로그램) 이메일, 음성메일, 통합메시지 전달, 문자메시지, 디지털 팩스 등. 인터넷으로 여러 사람이 동시에 키보드를 이용한 컴퓨터 회의도 좋은 예가 된다.

1.7 WIRELESS TECHNOLOGIES

The transfer of voice or data from one machine to another via the airwaves and without physical connectivity, Examples include cellular, satellite, infrared (적외선),

Bluetooth, WiFi, 3-G, two-way paging, CDMA, Wireless, WiMax, and others.

무선기술: 물리적 (유선) 연결 없이 공중파를 통하여 장치대 장치 간에 음성이나 데이터를 전송하는 것. 휴대폰, 위성, 적외선, 블루투스, 와이파이, 3세대, 양방향 삐삐, 코드분할다중접속, 무선, 와이맥스 등이 있다.

- CDMA(코드분할다중접속방식)
- two-way paging(양방향 삐삐)
- cellular(휴대폰)

1.8 AUTHENTICATION TECHNOLOGIES

The hardware, software, processes, and procedures to protect a person's privacy and identity from internal or external threats, including digital identity, privacy, and biometric authentication.

인증기술: 내 외부의 위협으로부터 개인의 사적 정보와 신상정보를 보호하기 위한 하드웨어, 소프트웨어, 업무처리과정과 절차.

1.9 STORAGE TECHNOLOGIES

Storage Area Networks (SANs) include mass storage, CD-recordable, DVD, data compression, near field recording, electronic document storage and networked attached storage (NAS), as well as small, personal storage devices like USB drives.

저장기술: SAN은 USB와 같은 소형 개인용 저장장치뿐만 아니라 대형 저장장치, CD 저장장치, DVD, 자료 압축, 근접위치 저장, 전자문서저장, 망 부착 저장 등이 있다.

1.10 LEARNING AND TRAINING COMPETENCY(END USERS)

The methodology and curriculum by which personnel learn to understand and use technology. This includes measuring competency, learning plans to increase the knowledge of individuals, and hiring and retaining qualified personnel.

학습과 훈련 역량: 개인들이 기술을 이해하고 사용하기 위하여 배우는 방법과 교과과정. 여기에는 측정 방법, 개인의 지식을 향상시키기 위한 학습계획과 자격 있는 사람을 고용하고 보유하는 것이 포함된다.

2. EMERGING TECHNOLOGIES

Each year, the Top Technologies Task Force prepares a "watch list" of five emerging technologies that have yet to gain viable commercial acceptance, but show promise for potential impact on businesses and individuals in the next 24-36 months.

매년 최고기술연구반은 5가지 신흥 기술에 대한 주요 목록을 준비한다. 이러한 기술은 아직 상업화하기에는 이르지만 향후 2~3년 내에 기업이나 개인들에게 영향을 줄 것으로 보이는 기술들이다.

2.1 RFID(RADIO FREQUENCY IDENTIFICATION)

Silicon chips and antennae that transmit data to a wireless receiver could one day be used to track everything from soda cans to cereal boxes. Unlike bar codes that need to be scanned manually and read individually (you have to actually see a bar code in order to read it), RFID tags do not require line-of-sight for reading. Within the field of a wireless reading device, it is possible to read hundreds of tags per second.

무선인식 기술: 무선 수신기로 자료를 전송하는 실리콘 칩과 안테나 장치가 음료수 캔이나 시리얼 상자에 이르기까지 적용되고 있다. 손으로 스캔해서 읽어야 하는 바코드와는 달리 무선인식 태그는 가까이서 읽어야 할 필요가 없다. 무선인식장치의 범위 내에서는 초당 수백 개의 태그를 읽는다. *line-of-sight 가시선; 막히지 않고 바로 가까이 대어야 통신이 된다.

2.2 SEARCH

Companies like Google, Apple Computer, and Microsoft are putting research and development resources into new ways of pinpointing digital files that do not require wading through directories of folders.

검색: 구글, 애플컴퓨터, 마이크로소프트 같은 회사는 폴더의 디렉터리를 통한 힘 드는 검색을 하지 않아도 되는 디지털 파일을 바로 찾는 신기술의 개발에 자원을 집중하고 있다.

2.3 FUEL CELLS

Methanol-powered fuel cells represent an exciting alternative to aging battery technology that will help users complete the "everything wireless" puzzle. These electromechanical devices represent both an environmentally friendly solution(they give off carbon dioxide and water as their by-product), as well as provide unlimited life for mobile devices (just fill the tank when it runs low on fuel!).

연료전지: 메탄올을 태워 얻는 연료전지는 이용자들이 완전히 모든 것을 무선으로 사용토록 돕는 현재의 건전지를 대체할 것이다. 이러한 전기기계 장치는 환경 친화적이고 모바일 장치의 지속적인 사용을 보장한다.

2.4 DIGITAL HOME

The line between "digital home" and the office work day continues to blur. For example "non-desktop" PC technology is making a difference in how we work at the office and live at home: 802.11 cameras monitor the office after hours or home during the day(security system), while a 42" plasma screen resides in the office conference room, as well as the living room.

디지털 홈: 디지털 홈과 사무실 출근 업무간의 경계가 모호해 질 것이다. 휴대용 피시 기술은 우

리가 사무실에서 일하고 (퇴근하여) 집에서 사는 방식과의 차이를 낸다. 회사의 회의실이나 집안의 42인치 플라즈마 화면으로 802.11 카메라는 퇴근 후나 낮에 집에서 사무실을 모니터 할 수 있게 한다.

2.5 DISPLAY TECHNOLOGY

The continued evolution of various display technologies allow for higher resolutions and smaller devices with lower power consumptions. Display technology is also merging, so that instead of having dedicated functions, such as a television receiver and a computer monitor, one device is serving multiple functions.

화면 기술: 지속적인 화면 표시기술의 개발로 절전형 소형, 고해상도의 스크린이 개발된다. 화면표시기술은 통합이 되어 TV 용 또는 PC 용으로 구분하는 것이 아니라 한 장치가 여러 가지 기능을 다 할 수 있다.

3. TECHNOLOGIES ADDED IN 2006

For the fourth consecutive year, professionals who sit at the intersection of information technology and accounting have selected Information Security as the number one technology to watch in 2006, according to the results of the 17th annual Top Ten Technologies survey of the American Institute of Certified Public Accountants. Four new technologies join six holdovers on the 2006 list: Assurance and Compliance, IT Governance, Privacy Management, and Spyware Detection and Removal.

2006년에 인정받은 기술: 미국공인회계사회가 17년차에 조사한 10대 기술의 결과를 보면, 내리 4년이나 정보기술의 중심과 회계분야에 종사하는 전문직들이 2006년의 주요기술로 정보보안을 선택하였다. 2006년의 10대 기술에 새로 4가지 기술이 추가되었다. 그것은 인증과 승인, 정보기술 지배구조, 사생활보호 관리, 스파이웨어의 탐색과 제거 기술이다.

3.1 ASSURANCE AND COMPLIANCE APPLICATIONS(e.g. SOX 404, ERM).

Collaboration and compliance tools that enable various stakeholders to monitor, document, assess, test and report on compliance with specified controls.

인증과 승인 프로그램: 인증과 승인 프로그램은 SOX 404조, ERM 등과 같은 것인데 여러 이해관계자 들이 제각기 승인을 받은 특정 통제를 하기 위하여 모니터하고, 문서를 만들고, 평가하고, 검사하고, 보고를 할 수 있도록 하는 프로그램이다.

*SOX 404조는 미국의 의회 Sarbanes와 Oxley 의원이 발의한 법안으로 회계보고서에 오류나 부정이 없고 있다면 대표가 무한히 책임을 지도록 하고 회계의 오류나 부정이 생기지 않도록 필요한 정보기술적 조치를 하도록 하는 조항이다.

3.2 GOVERNANCE

IT governance is a structure of relationships and processes to direct and control the enterprise in order to achieve the enterprise's goals by adding value, while still balancing risk versus return over IT and its processes.

정보기술 지배구조: 정보기술 지배구조는 정보기술과 업무처리 과정에서 위험과 수익간의 균형을 취하면서 조직의 가치를 높이고 기업의 목표를 성취하기 위하여 기업을 지휘, 통제하는 관계와 과정의 구조를 말한다.

3.3 PRIVACY MANAGEMENT

Privacy encompasses the rights and obligations of individuals and organizations with respect to the collection, use, disclosure, and retention of personal information. As more information and processes are being con- verted to a digital format, this information must be protected from unauthorized users and from unauthorized usage by those with access to the data. This includes complying with local, state, national and international laws.

사생활 보호 관리: 사생활 보호는 개인과 조직이 개인의 정보를 수집, 이용, 공개, 보유하는 것과 관련된 권리와 의무를 말한다. 정보와 처리가 디지털화 될수록 권한 없는 이용자가 허가 없이 데이터에 접근하는 것을 막도록 이 정보를 보호해야 한다. 이것은 지방정부나, 주정부 또는 국내외 적으로도 준수해야 하는 것이다.

3.4 SPYWARE DETECTION AND REMOVAL

Technology that detects and removes programs attempting to covertly gather and transmit confidential user information without his or her knowledge or permission. Spyware applications are typically bundled as a hidden component of freeware or shareware programs or attached to malicious websites. Once installed, spyware can monitor user activity, gather information about e-mail addresses, passwords, and credit card numbers in the background, then transmit this information to someone else. Spyware can include Remote Access Trojans (RAT) and root kits.

스파이웨어의 탐색과 제거: 개인의 동의 없이 또는 모르는 사이에 은밀히 이용자의 정보를 수집, 전송하는 프로그램을 적발, 제거하는 프로그램 기술이다. 스파이웨어 프로그램은 일반적으로 무료 프로그램이나 조건부 사용 프로그램 또는 악의적인 웹사이트에 붙어 있는 감춰진 요소로서 구성된 묶음 프로그램이다. 일단 설치되면 스파이웨어는 이용자의 활동을 모니터 할 수 있고 이메일 주소, 비밀번호, 신용카드번호 등을 수집하여 누구에겐 가로 전송한다. 이런 스파이웨어 프로그램으로 원격접속 트로이 목마(RAT), 룻킷 등이 있다.

4. TECHNOLOGIES ADDED IN 2007

4.1 SECURING AND CONTROLLING INFORMATION DISTRIBUTION

정보유통의 보안과 통제

Protecting and controlling the distribution of digital data, i.e. enabling secure distribution and/or preventing illegal distribution and access to protected information. Example: a document distribution strategy controlled by a Digital Rights Management (DRM) server that prevents an encrypted document from being opened by anyone other than the intended recipient.

정보유통의 보안과 통제: 디지털 자료의 유통을 보호하고 통제할 기술로 안전한 배포, 불법 유통의 방지, 보호된 정보에의 접근 방지 등이다. 디지털 저작권 관리(DRM)서버는 지정한 수신인 외에는 기밀문서가 열리지 않도록 막아줌으로써 문서의 배포를 전략적으로 통제한다.

4.2 MOBILE AND REMOTE COMPUTING

모바일, 원격 컴퓨팅

Technologies that enable users to securely connect to key resources anywhere, anytime regardless of physical location. Enabling technologies include tablet PCs; PDAs; and wireless technologies such as Bluetooth, WiFi and WiMax.

모바일, 원격 컴퓨팅: 주요자원을 언제 어디에서나 물리적 위치에 관계없이 안전하게 연결하는 기술이다. 이러한 기술에는 태블릿 PC, PDA, 블루투스, 와이파이, 와이맥스 등의 무선기술이 있다.

4.3 ELECTRONIC ARCHIVING AND DATA RETENTION

전자기록과 데이터 보존

Technologies that enable appropriate archiving and retrieval of key information over a given (statutory) period of time with improved efficiency and access to the information. This includes policies and processes to ensure destruction of information from storage and archival media in a timely and consistent manner. Information includes traditional data as well as telephony, IM traffic, and other emerging forms of collaboration. Storage and backup technologies, including Direct Attached Storage (DAS), Network Attached Storage (NAS) and Storage Area Networks (SANs), and optical devices such as DVDs, CDs, and Blu-Ray help support the archiving and retrieval process.

전자기록과 데이터 보존: 색인 정보를 적절하게 저장하고 검색을 쉽게 할 수 있도록 하는 기술이다. 여기에는 즉각적 또는 일정하게 저장매체로부터 정보를 제거하는 정책과 절차를 포함한다. 정보에는 전통적인 기록이나 통화내용, 문자메시지 내용, 다른 협업의 형태로 만들어진 모든 자료를 다 포함한다. 저장과 별도 보관용 기술에는 DAS, NAS, SAN, 그리고 DVD, CD, 블루 레이 등과 같은 광저장매체 기술이 포함된다.

4.4 DOCUMENT, CONTENT, AND KNOWLEDGE MANAGEMENT

기록, 콘텐츠, 지식 관리

The process of capturing, indexing, storing, retrieving, searching and managing information electronically, including database management of PDFs and other formats. Knowledge management then brings structure and control to this information, allowing organizations to harness the intellectual capital contained in the underlying data. This is sometimes referred to as the "paperless" office even though "less-paper" or digital office may be a more accurate term.

기록, 콘텐츠, 지식 관리: PDF나 다른 형식의 데이터베이스관리를 포함하여 정보를 전자적으로 획득하고 색인을 붙이고 저장하고 검색하고 탐색하는 과정이다. 지식경영(관리)은 조직이 근원적인 데이터에 있는 지적 자본을 통제하게 함으로서 정보를 조직화하고 관리한다. 이러한 것을, 사실은 종이를 적게 쓰는 사무실이나 디지털 사무실이 더 정확한 표현이지만, 종이 없는 사무실이라고 부른다.

5. TOP TECHNOLOGIES OF 2015

업무에 제대로 쓸 수 있는 16비트 PC가 1980년대에 보급된 이래 1990년대에는 인터넷이 쓰이기 시작했다. 초기의 웹 1.0 시대는 정적이었고 거의가 정보 제공자의 일방적인 웹이었다. 그러나 2000년대에 들어 개방, 공유, 참여라는 웹 2.0으로 현저하게 변모하였다. 2010년대의 중반을 넘어서면서 웹의 활용이 이동성을 보장하는 모바일 기기 중심으로 재편되고 있다. 통신의 량이 현저히 늘어남에 따라 통신의 속도를 높이는 기술이 개발되고 인프라의 투자도 이루어진다. 편리성이 강조되면서 금융기술인 핀테크(fintech)가 주목을 받고 있고 프라이버시와 보안이 다시 문제로 떠올랐다. 모든 기기(스마트 폰은 물론 자동차, 가전제품, 공장의 기계, CCTV 등)를 연결하는 사물인터넷은 세상과 세상사는 방법을 아주 변모시킬 것이다.

2011년부터 2015년까지 가트너가 제시한 10대 전략 기술 동향

	2011년	2012년	2013년	2014년	2015년
1.	클라우드 컴퓨팅	미디어 태블릿 그 이후	모바일 대전	다양한 모바일 기기 관리	(언제 어디서나 컴퓨팅 사용이 가능한) 컴퓨팅 에브리웨어
2.	모바일 앱과 미디어 태블릿	모바일 중심 애플리케이션과 인터페이스	모바일 앱&HTML5	모바일 앱과 애플리케이션	사물인터넷
3.	소셜 커뮤니케이션 및 협업	상황인식과 소셜이 결합된 사용자 경험	퍼스널 클라우드	만물인터넷	3D 프린팅
4.	비디오	사물인터넷	사물인터넷	하이브리드 클라우드와 서비스 브로커로서의 IT	보편화된 첨단 분석
5.	차세대 분석	앱스토어와 마켓 플레이스	하이브리드IT& 클라우드 컴퓨팅	클라우드/클라이언트 아키텍쳐	(다양한 정황 정보를 제공하는) 콘텍스트 리치 시스템
6.	소셜 분석	차세대 분석	전략적 빅데이터	퍼스널 클라우드의 시대	스마트 머신
7.	상황인식 컴퓨팅	빅데이터	실용분석	소프트웨어 정의	클라우드/클라이언트 컴퓨팅
8.	스토리지급 메모리	인메모리 컴퓨팅	인메모리 컴퓨팅	웹스케일 IT	소프트웨어 정의 애플리케이션과 인프라
9.	유비쿼터스 컴퓨팅	저전력 서버	통합 생태계	스마트 머신	웹-스케일 IT
10	패브릭 기반 컴퓨팅 및 인프라스트럭처	클라우드 컴퓨팅	엔터프라이즈 앱스토어	3D 프린팅	위험 기반 보안과 자가 방어

가트너(www.gartner.com)가 2014년 10월13일 보도 자료를 통해 '2015년도 10대 전략 기술 동향'을 발표했다. 향후 3년간 기업에 미칠 주요한 영향을 기술도 함께 소개했다.

가트너는 매년 IT업계를 이끌 중요한 기술을 발표한다. 올해와 작년을 비교해 보면 웨어러블 기기나 사물인터넷의 잠재력을 높게 평가했고, 3D 프린팅 산업에 대한 기대가 높았다. 특히 이전에는 주로 모바일 기술을 강조했다면, 앞으로는 모바일뿐만 아니라 사물인터넷과 웨어러블 기기 등 다양한 기기와 이를 연결하는 기술을 강조했다. 3D 프린팅도 태동 단계를 넘어 성장하는 단계로 갈 것이며 이 제품의 보급도 증가할 것이라고 보고 있다.

또한 과거에 빅 데이터가 유행했다면, 이제부터는 데이터의 유용한 활용이 많아질 것으로 보았다. 스마트머신, 클라우드, 소프트웨어정의인프라, 웹스케일에 대한 기술도 계속해서 중요하다고 보고 있다. 몇 년 만에 처음으로 보안 기술에 대한 중요성을 다시 강조했다. 앞의 표는 가트너가 제시한 2011년부터 2015년까지의 10대 전략 기술 동향이다. *저자 주

아래는 가트너가 제시한 10가지 전망에 대한 설명이다.

5.1 COMPUTING EVERYWHERE

어디서나 가용한 컴퓨터

As mobile devices continue to proliferate, Gartner predicts an increased emphasis on serving the needs of the mobile user in diverse contexts and environments, as opposed to focusing on devices alone.

모바일 기기가 계속 널리 보급됨에 따라 가트너는 한 기기에만 초점을 두는 것이 아니라 다양한 배경과 환경에서 모바일 이용자들의 요구에 부응하는 것을 더 강조할 것이라고 예측하였다.

"Phones and wearable devices are now part of an expanded computing environment that includes such things as consumer electronics and connected screens in the workplace and public space," said Mr. Cearley. "Increasingly, it's the overall environment that will need to adapt to the requirements of the mobile user. This will continue to raise significant management challenges for IT organizations as they lose control of user endpoint devices. It will also require increased attention to user experience design."

설리는 작업장과 공공장소에 연결된 스크린과 소비자 전자기기 같은 것들을 포함하여 전화기와 부착장치가 확장된 컴퓨팅 환경의 일부가 되고 있다고 한다. 그는 점점 더 전반적인 환경이 이용자들의 요구사항에 따라야 할 필요가 있다고 하였다. 이용자들이 지니고 사용하는 기기의 통제를 해야 하는 것이 IT 조직의 주요한 경영 과제로 부상할 것이라고 한다. 또한 이용자 경험의 설계에 더 주목해야 할 필요가 있다.

5.2 THE INTERNET OF THINGS

사물인터넷

The combination of data streams and services created by digitizing everything creates four basic usage models — Manage, Monetize, Operate and Extend. These four basic models can be applied to any of the four "Internets." Enterprises should not limit themselves to thinking that only the Internet of Things (IoT) (assets and machines) has the potential to leverage these four models. For example, the pay-per-use model can be applied to assets (such as industrial equipment), services (such as pay-as-you-drive insurance), people (such as movers), places (such as parking spots) and systems (such as cloud services). Enterprises from all industries can leverage these four models.

모든 것을 디지털화함으로서 만들어지는 서비스와 데이터의 흐름을 결합하는 것은 관리, 요금 산정, 운영, 확장의 4가지 기본적인 모형을 만든다. 이들 4가지 기본적인 모형은 모든 4가지 인터넷에 적용할 수 있다. 기업은 이를 사물인터넷(자산과 기계)에만 한정하지 말고 이들 4 모형을 효과적으로 이용해야 한다. 예를 들면 사용한 만큼의 지불 모형을 자산에 적용할 수 있고(산업 장비) 서비스(운전한 만큼 보험료 지불), 사람(움직이는 인간), 장소(주차장), 시스템(클라우드 서비스) 등에 적용할 수 있다. 모든 산업군에 속하는 기업은 이 4가지 모형을 적절히 조절할 수 있다.

5.3 3D PRINTING

3D 프린팅

Worldwide shipments of 3D printers are expected to grow 98 percent in 2015, followed by a doubling of unit shipments in 2016. 3D printing will reach a tipping point over the next three years as the market for relatively low-cost 3D printing devices continues to grow rapidly and industrial use expands significantly. New industrial, biomedical and consumer applications will continue to demonstrate that 3D printing is a real, viable and cost-effective means to reduce costs through improved designs, streamlined prototyping and short-run manufacturing.

2015년에 3D 프린터의 보급은 98% 성장할 것으로 보인다. 2016년에는 두 배로 성장할 것이다. 상대적으로 저가인 3D 프린터가 계속해서 급속히 만들어지고 산업에서도 현저하게 확장됨으로서 3D 프린팅은 향후 3년 동안 놀라운 변화(티핑 포인트)를 가져올 것이다. 신산업에, 생의학에, 소비자들의 활용 등으로 3D 프린터가 실제적이고 성장하며 디자인의 개선, 능률적인 기본형, 신속한 제조 등을 통하여 원가를 절감시키기 위한 비용효과적인 수단이 됨을 확실히 보여줄 것이다.

티핑 포인트: 어떤 사회에서나 일어날 수 있는 급격한 변화 또는 놀라울 정도로 급속하게 사람들의 반응들이 일어나는 상태를 의미함. 어떤 사람이 갑자기 관심의 대상이 된다든지 아니면 어떤 물건이 미친 듯이 팔리기 시작한다든지, 어떤 책이 베스트셀러로 부상한다든지 하는 행동들은 모두 티핑 포인트가 일어나는 예가 된다.

5.4 ADVANCED, PERVASIVE AND INVISIBLE ANALYTICS

보편화된 (선진, 보급, 안 보이는) 분석

Analytics will take center stage as the volume of data generated by embedded systems increases and vast pools of structured and unstructured data inside and outside the enterprise are analyzed. “Every app now needs to be an analytic app,” said Mr. Cearley. “Organizations need to manage how best to filter the huge amounts of data coming from the IoT, social media and wearable devices, and then deliver exactly the right information to the right person, at the right time. Analytics will become deeply, but invisibly embedded everywhere." Big data remains an important enabler for this trend but the focus needs to shift to thinking about big questions and big answers first and big data second — the value is in the answers, not the data.

임베디드 시스템이 만들어 낸 데이터의 양이 증가함에 따라 분석이 중심 무대를 차지하게 될 것이고 기업 내외부의 방대한 정형, 비정형 데이터가 분석된다. 설리는 "모든 앱이 분석 앱이 되어야 할 것이라며 조직은 사물인터넷, 쇼셜 미디어, 착용 기기 등에서 발생하는 대량의 데이터를 잘 걸러내도록 관리할 필요가 있다. 그리고는 이들 꼭 필요한 정보를 필요로 하는 사람에게 필요로 하는 시간에 전달해야 한다. 분석은 깊어지고 눈에 보이지는 않으나 어디라도 끼어들게 된다."고 하였다. 빅 데이터는 이러한 추세에서 중요한 성공요인이 된다. 그러나 그 초점은 우선 큰 질문과 큰 해답으로, 그 다음엔 빅 데이터로 바뀔 필요가 있다. 즉, 그 가치는 해답에 있지 데이터에 있는 것이 아니다.

5.5 CONTEXT-RICH SYSTEMS

(다양한 정황 정보를 제공하는) 상황이 풍부한 시스템

Ubiquitous embedded intelligence combined with pervasive analytics will drive the development of systems that are alert to their surroundings and able to respond appropriately. Context-aware security is an early application of this new capability, but others will emerge. By understanding the context of a user request, applications can not only adjust their security response but also adjust how information is delivered to the user, greatly simplifying an increasingly complex computing world.

널리 보급된 분석과 결합된 도처에 있는 임베디드 지능은 주위 환경에 경보를 주고 적절하게 반응함으로서 시스템의 발전을 견인할 것이다. 상황 인식 보안은 이 새로운 능력의 초기 응용(프로그램)이다. 그러나 다른 기술도 나타날 것이다. 이용자가 요구한 상황을 이해함으로서 응용프로그램은 매우 복잡한 컴퓨팅 세계를 아주 단순화시킴으로서 그들의 보안 반응을 조정할 뿐만 아니라 정보가 이용자에게 전달되는 방법도 조정할 수 있다.
콘텍스트라는 단어는 '문맥', '상황'이란 뜻이 있다. 콘텍스트 리치 시스템은 사용자 환경을 충분한 정보로 정확히 이해하며 따라서 필요한 요구를 들어주는 시스템을 일컫는다.

5.6 SMART MACHINES

스마트 머신

Deep analytics applied to an understanding of context provide the preconditions for a world of smart machines. This foundation combines with advanced algorithms that allow systems to understand their environment, learn for themselves, and act autonomously. Prototype autonomous vehicles, advanced robots, virtual personal assistants and smart advisors already exist and will evolve rapidly, ushering in a new age of machine helpers. The smart machine era will be the most disruptive in the history of IT.

상황의 이해에 응용된 철저한 분석은 스마트 머신 세계에 대한 전제조건을 제공한다. 이 토대는 시스템이 그가 속한 환경을 이해하고 스스로 배우며 자치적으로 활동하는 첨단 알고리즘과 결합한다. 자가 구동 차량, 첨단 로봇, 가상의 인간 비서와 스마트 조언가는 이미 존재하고 급속히 진화할 것이며 기계 조력자의 새 시대로 이끈다. 스마트 기기 시대는 정보기술의 역사상 가장 파격적이다.

5.7 CLOUD/CLIENT COMPUTING

클라우드/클라이언트 컴퓨팅

The convergence of cloud and mobile computing will continue to promote the growth of centrally coordinated applications that can be delivered to any device. “Cloud is the new style of elastically scalable, self-service computing, and both internal applications and external applications will be built on this new style,” said Mr. Cearley. “While network and bandwidth costs may continue to favor apps that use the intelligence and storage of the client device effectively, coordination and management will be based in the cloud."

클라우드와 모바일 컴퓨팅의 융합은 어떤 장치에도 전달될 수 있도록 집중적으로 조정통합된 응용프로그램의 성장을 계속해서 촉진 시킬 것이다. "클라우드는 탄력적으로 조정할 수 있는 새로운 스타일이며 자가 서비스 컴퓨팅이고 이 새로운 스타일에는 내부의 응용프로그램과 외부의 응용프로그램이 모두 구축될 수 있다."고 설리씨가 말한다. "통신망과 대역폭의 비용이 지능과 클라이언트 기기의 저장장치를 효과적으로 이용하는 앱에 적절하게 받아들일 만 하다면 조정과 관리는 클라우드의 기본이 될 것이다."

In the near term, the focus for cloud/client will be on synchronizing content and application state across multiple devices and addressing application portability across devices. Over time, applications will evolve to support simultaneous use of multiple devices. The second-screen phenomenon today focuses on coordinating television viewing with use of a mobile device. In the future, games and enterprise applications alike will use multiple screens and exploit wearables and other devices to deliver an enhanced experience.

오래지 않아 클라우드/클라이언트에 대한 초점은 콘텐츠와 다양한 기기에 걸쳐 있는 응용프로그램을 동기화시킬 것이고 응용프로그램을 다양한 기기들로 이동시킬 수 있게 된다. 시간이 흐르면 응용프로그램은 다양한 기기의 동시 사용을 지원할 수 있도록 발전할 것이다. 오늘날의 제2 스크린 현상은 모바일 장치를 보면서 TV를 볼 수 있도록 조정하는 것에 초점을 둔다. 앞으로는 게임과 기업의 응용프로그램이 함께 복수의 스크린을 사용하게 되고 강화된 경험을 전달하기 위해 착용장치와 다른 기기들도 사용하게 될 것이다.

5.8 SOFTWARE-DEFINED APPLICATIONS AND INFRASTRUCTURE

소프트웨어 정의 응용프로그램과 기반시설

Agile programming of everything from applications to basic infrastructure is essential to enable organizations to deliver the flexibility required to make the digital business work. Software-defined networking, storage, data centers and security are maturing. Cloud services are software-configurable through API calls, and applications, too, increasingly have rich APIs to access their function and content programmatically. To deal with the rapidly changing demands of digital business and scale systems up — or down — rapidly, computing has to move away from static to dynamic models. Rules, models and code that can dynamically assemble and configure all of the elements needed from the network through the application are needed.

응용프로그램에서 기본적인 기반시설에 이르기까지 모든 것을 기민하게 프로그래밍 하는 것이 조직으로 하여금 디지털 비즈니스 업무를 수행하기에 필요한 융통성을 전달하는데 필수적이다. 소프트웨어 정의 통신망과 저장, 데이터 센터와 보안은 성숙되어 있다. 클라우드 서비스는 API(응용프로그램 접속) 콜과 응용프로그램을 통하여 소프트웨어로 구성가능하다. 그들의 기능과 콘텐츠를 프로그램에 입각하여 접속하게 하는 풍부한 API를 많이 보유하고 있다. 급속하게 변하는 디지털 비즈니스의 수요와 시스템의 규모가 빠르게 증감하기 때문에 컴퓨팅은 정적 모형에서 멀어져 동적 모형으로 이동하고 있다. 응용프로그램을 통한 통신망에 필요한 모든 요소들을 역동적으로 조립하고 구성할 규칙과 모형과 코드가 필요하다.

5.9 WEB-SCALE IT

웹스케일 IT

Web-scale IT is a pattern of global-class computing that delivers the capabilities of large cloud service providers within an enterprise IT setting. More organizations will begin thinking, acting and building applications and infrastructure like Web giants such as Amazon, Google and Facebook.

웹 스케일 IT는 기업의 IT 세팅에 대기업의 클라우드 서비스 제공자의 능력을 전하는 세계적인 컴퓨팅 추세이다. 많은 기업이 생각하고 있다. 아마존, 구글, 페이스북 같은 웹의 거인들처럼 많은 기업이 애플리케이션과 인프라스트럭처를 생각하고 구축하고 활용하기 시작했다.

Web-scale IT does not happen immediately, but will evolve over time as commercial hardware platforms embrace the new models and cloud-optimized and software-defined approaches reach mainstream. The first step toward the Web-scale IT future for many organizations should be DevOps — bringing development and operations together in a coordinated way to drive rapid, continuous incremental development of applications and services.

- 웹스케일 IT는 즉각적으로 일어나지는 않겠지만 시간이 지남에 따라 상업용 하드웨어 플래폼이 새로운 모형을 수용하고 클라우드에 최적화되고 소프트웨어로 정의된 접근법이 주류를 이루면 진화하게 될 것이다. 많은 조직을 위한 웹스케일 IT의 미래로 가는 첫 출발은 데브옵스가 되어야 한다. 응용프로그램과 서비스를 빠르고 지속적으로 증가 개발을 견인하는 통합된 방법은 개발과 운영을 함께 하는 것이다.
- 웹스케일 IT는 이용자들에게 빠르고 정확하면서도 지속적인 서비스를 제공하기 위하여 서버, 스토리지, 네트워크 등 각 컴퓨팅 구성요소를 최적화해서 더 빠른 시스템 복구와 유연한 시스템 구축을 가능하게 해야 한다는 개념이다.
- 구글, 아마존, 페이스북과 같은 대형 클라우드 서비스 제공업체의 각종 역량이 결집된 운영 방식으로 하나의 엔터프라이즈 IT 환경 내에서 글로벌 수준의 컴퓨팅 역량을 구현하면 좋다는 것이다.
- 데브옵스(DevOps)란 본래 스타트업 벤쳐들이 일하는 방식으로서, Development(개발)와 Operations(운영)의 소통과 협업을 촉진시켜 혁신의 속도를 빠르게 하자는 점을 전통적인 IT 조직에 적용하여 스타트업의 혁신을 재현하고자 하는 것으로 쓰인 말이다.

5.10 RISK-BASED SECURITY AND SELF-PROTECTION

위험 기반 보안과 자가 보호

All roads to the digital future lead through security. However, in a digital business world, security cannot be a roadblock that stops all progress. Organizations will increasingly recognize that it is not possible to provide a 100 percent secured environment. Once organizations acknowledge that, they can begin to apply more-sophisticated risk assessment and mitigation tools. On the technical side, recognition that perimeter defense is inadequate and applications need to take a more active role in security gives rise to a new multifaceted approach.

디지털 미래로 가는 모든 길은 보안으로 인도되어야 한다. 그러나 디지털 비즈니스 세계에서는 보안이 모든 진보를 막는 도로장애가 되어서는 안 된다. 조직들은 100% 안전한 환경을 제공하는 것이 불가하다는 것을 인식해야 한다. 일단 조직이 그것을 안다면 보다 정교한 위험평가를 하고 경감 수단을 적용할 수 있다. 기술적 측면에서는 주변의 방어가 부적절하고 응용프로그램이 보안에서 보다 더 실제적인 역할을 취할 필요가 있다는 것을 알면 새로운 다방면의 접근법이 일어나게 된다.

Security-aware application design, dynamic and static application security testing, and runtime application self-protection combined with active context-aware and adaptive access controls are all needed in today's dangerous digital world. This will lead to new models of building security directly into applications. Perimeters and firewalls are no longer enough; every app needs to be self-aware and self-protecting.

능동적인 상황인식과 적응할 수 있는 접근통제와 결합된 보안 인식 응용프로그램 설계, 동적이고 정적인 응용프로그램 보안 검사와 가동시간 운영프로그램 자체 보호는 오늘날의 위험한 디지털 세계에서 모두 필요한 것이다. 이것은 보안을 직접적으로 응용프로그램에 구축하는 새로운 모형으로 이끌 것이다. 주변 경계와 방화벽은 더 이상 충분하지 않고 모든 응용프로그램은 스스로 인지하고 스스로 보호해야 할 필요가 있다.

자신이 왜 살아야하며 어떻게 살아야 하는지에 대한 통찰과 이해가 바로 서야 한다

PART 4

What I've Taught?

10. Interviewing

11. Giving Effective Oral Presentations

12. Why not?

13. Stay Foolish, Stay Hungry

CHAPTER 10

INTERVIEWING

학습목표

취업뿐만 아니라 대학원 진학이나 심지어는 영업, 거래 등을 위해 인터뷰를 한다. 인터뷰는 면접(시험)이라고 하는데 꼭 시험이 아니더라도 대인관계에서 중요하다. 우리는 대인관계에서 상대를 잘 모르는 경우 상당한 부담감을 느낀다.

자신감을 가지고 솔직하고 당당하게 있는 그대로를 드러내 놓으면 되지만 자신이 부족함이 많다고 느끼면 더욱 주눅이 든다. 이 장에서는 취업을 대비하는 학생들이 느끼는 부담감을 덜어 주기 위하여 어떠한 방법으로 면접을 하면 좋을지 설명한다.

단시간에 준비되는 것이 아니므로 많은 독서와 토론 등 연습을 해야 한다. 용모를 단정히 하고 깔끔한 인상을 주도록 해야 하며 자신감 있는 표정으로 아는 만큼 솔직하게 답변하면 된다. 미리 거울을 보며 연습을 하면 도움이 되는데 특히 소리 내어 30초, 1분 스피치를 연습하는 것이 좋을 것이다.

INTERVIEW WITH CONFIDENCE!

자신감을 가져라!

When necessary, student interviews can be an important part of the admission process. They can provide reviewers with valuable information. We have assembled some student interview questions to help you identify problem areas during a program review. They can identify problems and systemic deficiencies not readily apparent in a file review alone.

면접은 진학에 중요한 요소, 취업에도 마찬가지. 면접에 필요한 요소를 질문과 대답하는 법 등으로 엮었으니 참고하시오. 면접은 접수된 서류만으로는 확인할 수 없는 문제와 결함을 해결하는 방법이다. 면접을 받는 사람은 부담일 테지만……

BE PREPARED...

- Prior to the interview take the time to learn as much as you can about the school. Use the Internet, your local library, your recruiter, or your teacher to develop a clear picture of the school. Find out about their programs, number of children, extra-curricular activities, college preparation, and their plans for the future.

진학할 학교(회사)의 정보를 입수하라. 잘 분석하면 정복이 쉽다. 인터넷이나 근처의 도서관, 학교의 모집담당자, 또는 학교의 선생님으로부터 (여러분이 원하는) 학교(또는 직장)에 대한 명확한 내용을 파악한다. 학교의 프로그램(교과과정), 학생 수, 과외활동, 대학의 준비(고교의 경우), 미래에 대한 계획 등에 대해서 알아보시오.

DRESS APPROPRIATELY...

- You have only one chance to make a first impression. Because first impressions are lasting, it is important to wear clothing that is appropriate to the serious nature of the interview.

적절하게 입어야: 첫 인상을 잘 보일 기회는 오직 한번뿐이다. 첫 인상은 오래 간다. 인터뷰의 성질에 따라 옷을 적절하게 입는 것이 중요하다.

note

There may be some exceptions where a more casual appearance could be acceptable. In these situations, ask the recruiter or someone in the company about what they expect. Then wear something a notch or two nicer.

평상복을 입어도 되는 경우가 있다. 이러한 상황에 대해서는 모집담당자에게 물어보는 것이 좋다. 그러고는 (말하는 것) 보다 (약간) 더 잘 입도록 한다.

FIRST THINGS FIRST...

- Arrive 10 to 15 minutes before the interview is scheduled. Giving yourself some extra time reduces your anxiety and gives you the opportunity to mentally prepare for the interview.

  10-15분 일찍 가서 불안감을 줄이도록 정신적 여유를 가질 것.

- Think about something pleasant in your life, take a few deep breaths, and allow yourself to relax.

  즐거웠던 일을 생각하고 심호흡을 하며 여유를 갖도록 하라.

- When the time comes to begin the interview, remember to start off on a positive note. A firm handshake, a sincere smile, and a friendly greeting are all that's needed to get things going your way.

  인터뷰가 시작되면 면접관과 긍정적인 분위기를 갖도록, 단단히 잡은 악수, 믿음이 가는 미소, 친절한 인사 등…

- Remember to be yourself!

  정신 차리고 자연스럽게 행동하라.

KEEP IT SIMPLE...

Research into interviewing reveals that the person conducting the interview is often more stressed than the candidate. This stress comes from a variety of sources including concern that a poor selection can mean a loss of a superiors' confidence, fitting an interview into an already hectic schedule, and a host of other worries. People under stress may not hear and interpret everything you say as clearly and as correctly as they might in a less stressful conversation. Minimize miscommunication by following these suggestions:

인터뷰를 하는 사람이 받는 사람보다 더 스트레스를 받는다는 연구결과도 있다. 그 이유는 사람을 잘 못 고르면 상급자의 신뢰를 잃게 되는 것이고 이미 정해진 빡빡한 일정에 맞추어야 하고 또 다른 우려를 낳기 때문이다. 스트레스를 받고 있는 사람은 덜 받는 사람보다 여러분이 말하는 것을 제대로 듣고 명확하게 이해하지 못할 수가 있다. 다음과 같이 하여 전달이 잘못되지 않도록 노력하라.

- Think before you speak. Phrase what you say in short, simple sentences.

  생각 없이 말하지 마라. 짧고 간결하게 말하라.

- Answer one question at a time.

  한 번에 한 질문에만 답한다.

- Do not volunteer information - provide just the information needed to answer the question.

  필요한 답만 한다. 쓸데없이 많은 말을 하지 않는다.

- Get to the point.

  요점을 말한다.

- Stay positive - NEVER say or imply anything about a past school that is less than complimentary.

  긍정적으로 임하라. 전 학교(직장)에 대해서 가능하면 언급하지 않는 것이 좋다.

ASK QUESTIONS...

- The importance of asking questions cannot be overstated. If you are to make a rational decision about the company and the opportunity you are interviewing for, you must ask questions to obtain the information you require.

  질문을 명확히 알아듣지 못한 경우 다시 물어보는 것이 중요하다. *이 경우 불리하지 않다.

- Asking questions also communicates to the company your sincerity, interest, and maturity. In addition, asking questions often leads to a more open conversation and a more relaxed interview that is beneficial to both parties.

  면접관에게 가벼운 질문을 하면 부드러운 분위기로 면접을 할 수도 있다.

MISCELLANEOUS...

- Build rapport with the interviewer.

  면접관과 좋은 관계를 형성하라.

- Stay away from subjects such as religion and politics.

  종교나 정치적인 주제는 피해간다.

- Don't tell jokes.

  농담하지 마라.

- Answer questions honestly and directly.

  솔직하고 직접적으로 답하라.

- Do not take notes during the interview. Try to get a business card from those you speak with so that you have a record of their name, title, etc.

  인터뷰 중에 메모하지 마라. 명함을 받아 거기 간단히 메모하는 것은 좋다.

- Turn off your pager and/or your cellular phone.

  삐삐나 휴대폰은 꺼두라.

END THE INTERVIEW...

- An interview is an opportunity for you to present your skills, interests, and abilities to the potential school. It is also an opportunity for the school to "sell"you on the advantages of going to school there with them. If you like what you have seen and want to be considered for an offer-TELL THEM OF YOUR INTEREST.

  면접은 여러분의 기능, 관심, 능력을 보여주는 기회다. 달리 말하면 원하는 학교(직장)에 여러분을 파는 기회이다. 관심과 능력이 있음을 보여라.

AFTER THE INTERVIEW...

- Follow up the interview with a short note that states your interest in the position and the company, explains why you are qualified, and tells how you would fit into the team/school. At the end of the note, express your thanks for having had the opportunity to interview. Keep the note to one or two sentences per paragraph and no more than four paragraphs. Send it to the person to whom you would be reporting.

  인터뷰가 끝나면 간단한 편지로 그 회사, 그 직책에 관심이 있다는 것을 표합니다. 그리고 당신이 적격인 이유를 설명하고 그 팀/학교에 어떻게 어울릴지도 밝힙니다. 편지 끝에 인터뷰 기회를 준 것에도 감사를 표합니다. 편지에는 한 단락에 한 두 문장만 적고 모두 네 단락 이상이 되지 않도록 합니다. 편지는 당신이 보고하려는 사람에게 보냅니다.

These questions are not intended to be all-inclusive. Interviewers must use their professional judgment in the type of questions being asked, and expand or focus the questioning when necessary to concentrate on areas of concern disclosed by the answers to other questions. A student interview may be conducted at the school location or at another location away from the school. Many students feel more comfortable discussing problems when they are away from the school. Interviews may also be conducted on the telephone. If reviewers discover unusual documents or discrepancies during a file review, reviewers may wish to ask the student about that particular issue.

이러한 질문들은 포괄적으로 의도한 것은 아니다. 면접관은 묻는 질문을 통하여 전문적인 판단을 해야 한다. 그리고 다른 질문에 대한 답에서 나온 관심분야에 집중하는 것이 필요하다면 질문을 확장하거나 초점을 두어야 한다. 학생 면접은 교내에서나 학교에서 멀리 떨어진 곳에서도 할 수 있다. 학교에서 멀리 떨어진 곳에서 문제에 대한 토론을 하면 보다 편안함을 느끼는 학생들이 많다. 면접은 전화로도 한다. 만약 평가자가 파일을 검토하는 중에 이상한 문서나 불일치함을 발견하면 평가자는 특정 문제에 대해 학생(지원자)에게 물어볼 수도 있다.

E COLLEGE STUDENT/RECENT COLLEGE GRAD:
20 MIXED INTERVIEW QUESTIONS

Here are 20 general job interview questions. Practice answering these questions … and get sample excellent responses for each one … by going to our College Student Mixed Interview Practice Questions.

20가지의 일반적인 취업 인터뷰 질문을 제시한다. 이러한 질문에 답을 준비하여 연습을 하시오.

우수한 반응을 보이는 답안을 만들어 보세요.

1. How would you describe yourself?

성격은?

2. Please describe the ideal job for you following graduation.

졸업 후 당신에게 이상적인 직업은?

3. At what point did you choose this career?

언제 이 직업을 택했나?

4. If you could do so, how would you plan your college career differently?

할 수 있다면 대학(전공) 선택을 달리 하겠는가?

5. What motivates you to put forth you greatest effort?

분발하게 된 동기는?

6. Given the investment our company will make in hiring and training you, can you give us a reason to hire you?

당신을 채용해야 할 이유가 뭔가요?

7. What do you expect to be doing in five years?

향후 5년간 무엇을 할 건가요?

8. Have you ever had difficulty with a supervisor or instructor? How did you resolve the conflict?

감독(상관)이나 선생님과 어려움이 있었나요? 갈등을 어떻게 풀었나요?

9. What personal weakness has caused you the greatest difficulty in school or on the job?

학교(회사)에서 가장 힘들었던 원인인 당신의 결점은?

10. What level of compensation would it take to make you happy?

•• 어떤 보상을 하면 만족하겠는가?

11. What are your standards of success in school? What have you done to meet these standards?

•• 학교에서 성공의 기준은? 이 기준을 충족하기 위해 무엇을 했나?

12. Give examples of your experiences at school or in a job that were satisfying. Give examples of your experiences that were dissatisfying.

•• 학교(직장)에서 만족한 경험의 예를 드시오. 불만스런 경험의 예는?

13. Have you found any ways to make school or a job easier or more rewarding or to make yourself more effective?

•• 학교(직장)에서 보다 쉽게, 더 많은 효과를 내는 방법을 찾았나요?

14. Tell me about a time when you had to deal with a difficult person. How did you handle the situation?

•• 까다로운 사람을 다루어야 할 때를 말해 보시오. 그 상황을 어떻게 다루었나요?

15. Tell me about a time you had to handle multiple responsibilities. How did you organize the work you needed to do?

•• 여러 책무를 다루어야 할 때는? 당신이 해야 할 많은 일을 어떻게 조직화 하는가?

16. Tell me about a time when you had to make a decision, but didn't have all the information you needed.

•• 필요한 정보가 없는데 의사결정을 해야 할 때는?

17. What is the biggest mistake you've made?

•• 가장 큰 실수는?

18. Describe a situation in which you had to use reference materials to write a research paper. What was the topic? What journals did you read?

연구논문을 작성하기 위해 참고자료를 이용해야 할 상황은? 주제는 무엇이었고 무슨 논문(집)을 읽었나?

19. Give me a specific example of a time when a co-worker or classmate criticized your work in front of others. How did you respond? How has that event shaped the way you communicate with others?

공동연구자/급우가 남들에게 당신의 연구를 비판한 경우가 있다면 구체적인 예를 드시오. 어떻게 대응했나요? 그 사건이 평소 당신이 남들과 소통하는 방식과 다른가?

20. Give me a specific example of a time when you sold your supervisor or professor on an idea or concept. How did you proceed? What was the result?

당신의 아이디어나 개념을 상관(교수)에게 제공한 예를 구체적으로 드시오. 어떻게 진행했는가? 결과는?

From http://www.quintcareers.com/interview_question_database/college_student_mixed_questions.html

CHAPTER 11

GIVING EFFECTIVE ORAL PRESENTATIONS

학습목표

이 장에서는 말로 하는 발표를 효과적으로 하기 위해 증명된 많은 기법을 알려 준다. 발표를 잘 하기 위해서는 철저한 준비와 충분한 연습 밖에는 대안이 없다. 청중은 발표자가 서툴다 싶으면 얕보고 신뢰하지 않으며 집중하지도 않는다. 발표를 잘하는 비디오를 분석하거나 현장에서 보고 메모하는 것도 필요하겠지만 이 자료를 잘 읽고 준비하면 도움이 될 것이다. 명심하라. 발표의 내용을 잘 알고 많은 연습을 하면 자신감을 가질 수 있다. 요령은 연습과 실전으로 체득하는 것이다.

One of the most frightening tasks many managers/teachers face is giving oral presentations. Survey research confirms that many people experience extensive fright when required to speak before a group. This paper will help prepare you to give effective oral presentations with confidence--at least more than you now have!

많은 경영자들이 두려워하는 업무 중 하나가 발표를 하는 것이다. 조사연구는 많은 사람들이 집단 앞에서 발표할 상황이라면 큰 공포를 경험하는 것을 입증한다. 이 장은 적어도 당신이 지금 가지고 있는 것보다 더 큰 자신감을 가지고 효과적인 발표를 준비할 수 있도록 도와줄 것이다.

When you receive an assignment or an invitation to speak, be sure you understand clearly the following:

당신이 발표를 해야 할 과제나 제안을 받았을 때 아래 사항들을 분명히 이해해야 한다.

- Goals and objectives of the presentation.
  발표의 목적
- Time and length of the presentation.
  발표의 시간과 길이
- Audience characteristics--the number of people, their knowledge of the subject, their interest in the subject, and their expectations.
  청중의 특성 – 사람들의 수, 주제의 이해, 주제에 대한 관심, 기대감
- Room characteristics - room size, seating arrangement, equipment available, distractions, etc.
  발표장의 특성 – 발표장의 크기, 좌석 배치, 이용 가능한 장비, 얼마만큼 주의가 산만한가, 기타 등등
- Other information--formality, dress, preceding and following speakers, and anything else that will have an effect on how you approach the assignment.
  다른 정보 – 격식의 정도, 옷, 이전과 이후의 발표자, 과제에 효과적으로 접근하는 여러 방법이 있다.

Understanding the foregoing information will help in both your planning and delivery.

This paper contains the following sections:
앞에서 언급한 정보를 이해하는 것은 당신의 계획과 당신의 의사 전달 모두에 도움을 줄 것이다.
이 장은 아래 사항들을 포함한다.

- Categories of Presentations 발표의 범주
- Planning 계획
- Format 형식
- Delivery 전달

- Presentation Tips 발표의 팁(요령)
- Group Presentations 집단 발표

1. CATEGORIES OF PRESENTATIONS

발표의 범주

Oral presentations can be classified into one of the following categories:
구두 발표는 아래 범주들의 하나로 분류할 수 있다.

- *Memorized :* the presentation is written in full text form and is memorized word for word. This type of presentation is rarely used in management presentations, although the opening and closing parts of presentations are often memorized.

  암기식: 발표는 완전한 텍스트 형식으로 작성 되어 있고, 한 마디 한 마디 암기하는 것이다. 이 유형의 발표는 시작과 결론 부분에서 종종 쓰이긴 하지만 경영 발표에서는 잘 쓰이지 않는다.

- *Read:* the presentation is written in full text form and is then read word for word. This type of presentation is used most frequently when the exact wording of a report is critical, as in the case of a disaster or a reaction to a lawsuit. It may also be used when addressing large audiences in very formal settings.

  읽기: 발표는 완전한 텍스트 형식으로 구성되어 있고, 그것을 한마디씩 읽어나가는 것이다. 이 유형의 발표는 재난의 경우나 소송과 같은 중요한 보고를 정확하게 전해야 할 때 가장 빈번하게 사용된다. 또한 이 발표는 아주 공식적인 상황에서 많은 청중들을 대상으로 발표해야 할 때도 쓰인다.

- *Extemporaneous:* an outline is created, and the presenter follows the outline while spontaneously selecting the words and constructing the sentences needed to present the message. This is the most frequent type of management presentation.

임기응변식: 임의의 단어를 선정하고 메시지를 전달하는데 필요한 문장들을 즉흥적으로 문장을 구성하면서 발표자는 개요를 따른다. 이것은 경영자들의 발표에서 가장 빈번히 쓰이는 유형이다.

- *Impromptu:* the presenter has almost no time to prepare the presentation. The presentation is totally spontaneous. This type of presentation occurs often in meetings, such as when the person conducting says, "Sam, could you bring us up to date on the ABC project."

즉석연설: 이 상황에서 발표자는 발표를 준비할 시간이 거의 없다. 발표는 완전히 즉각적이다. 이 유형의 발표는 "Sam, ABC project 의 새로운 정보를 알려 줄래?"라고 말할 때와 같은 미팅에서 종종 발생한다.

Often, speeches will be a combination of these four approaches. For instance, the opening and closing might be somewhat memorized, an important statement might be read verbatim, a spontaneous section might be given impromptu, and the bulk of body may be given extemporaneously.

흔히, 이 방법의 연설은 네 가지 접근법의 조합일 것이다. 예를 들어 시작과 결론은 약간암기식이 될 수 있고, 중요한 부분은 축어적으로 읽는 방법이 사용 될 수 있고, 즉각적으로 해야 하는 부분은 impromptu 방식이 주어질 수 있으며, 본론의 대부분은 임기응변식이 될 것이다.

2. PLANNING

계획

The GAS planning model is effective for both written and oral communication. Essentially, you must identify your goals, analyze the audience, and develop a strategy. Using free writing or information sketches will help you identify the major elements of your presentation and help you engineer them into a meaningful structure. In terms of identifying the content to include and deciding on the sequencing to follow, written and oral messages have much in common.

GAS계획 모델은 서면으로 의사소통 하는 것과 말로 의사소통 하는 것 둘 다에 효과적이다. 본질적으로 당신은 당신의 목적을 확인해야 하고 청중을 분석해야 하며 전략을 발전시켜야 한다. free writing 이나 information sketch를 사용하는 것은 당신이 발표의 주요 요소를 인식하고 뜻있는 구조를 실행하도록 도움을 줄 것이다. 포함할 내용과 순서를 결정함으로써 필기로 된 메시지와 말로 하는 메시지는 많은 공통점을 가진다.

3. FORMAT

형식

The presentation itself is usually divided into four parts--opening, agenda, body, and closing.

발표는 대개 4개의 부분으로 나눠진다. 시작, 의제, 본론, 결론.

3.1 OPENING

시작

In the opening part of your presentation, you must quickly get the audience ready to receive the main message of your presentation. Audiences will often decide within the first 30 seconds or so whether they think you're going to be an engaging, interesting speaker or a boring, poorly prepared one. Thus, make sure to prepare your opening very well. It can make or break your total presentation.

발표의 도입 부분에서는 청중들이 당신이 전달하고자 하는 사항을 받아들일 준비가 되도록 빨리 만들어야 한다. 청중들은 3초안에 당신의 발표가 재미있을지 아니면 지루할지 생각을 결정한다. 그러므로 시작부분의 준비를 확실하게 해야 한다. 그것은 당신의 발표 전체가 잘 될 것인지 아니면 망할 것인지를 결정할 것이다.

As a general rule, give the gist of your message at the beginning, rather than holding it until the end. Give your conclusion or recommendation, and then follow it with convincing, supporting information in the body of the message.

일반적인 규칙은 당신이 전달하고자 하는 사항의 요점을 마지막에 제시하기 보다는 시작할 때 제시하는 것이다. 당신의 결론과 권고사항을 제시하고 난 다음에 그것을 본론에서 입증하고 지지하는 정보를 제시하라.

- Capture their attention with a rhetorical question:

화려한(수사학적인) 질문으로 청중의 관심을 잡아라.

- How many of you have ever tried swimming upstream in a river and found yourself doing a lot of swimming but staying in about the same location?

강을 거슬러서 헤엄을 치려고 노력 해 본 적이 얼마나 있으며 강을 거스르기 위한 헤엄을 많이 쳤음에도 불구하고 제자리에 있는 자신을 발견한 적이 있는가?

- Establish a rationale for giving the presentation; e.g., an existing problem, a special need, or potential for growth:

발표를 하기 위해서 좀 더 합리적이어야 한다. 어떠한 문제가 존재하는지, 어떤 특별한 요구가 있는지, 성장을 위한 잠재성이 있는지:

- For the last four years we've held about the same position in the marketplace--at or about 18 percent. Many of our employees feel comfortable with this position, but others are convinced that if we're not moving forward, we'll soon be moving backward. Our current product line continues to sell well, but I feel a need to put more emphasis on research and development during the next six months so we can get our new product line out early next year.

지난 4년간 우리 회사는 시장경제에서 같은 자리에 머물러 왔습니다.– 18 % 지점에서 많은 직원들이 이 자리를 안정적인 자리라 생각하지만 다른 사람들은 만약 우리가 앞으로 전진 하지 않는다면 곧 뒤로 추락 할 수 있다고 확신합니다. 우리 회사의 현재 생산라인은 판매를 위해 계속해서 잘 가동되고 있지만, 제 생각으로는 다음 6개월 동안 보다 강력한 연구와 개발을 실시하여 다음해 초에 새로운 생산라인을 개설해야 한다고 봅니다.

Tell what you hope to accomplish: 당신이 성취하고자 하는 소망을 말하라

- The purpose of my presentation is to show how we can increase our market share by up to 15 percent in the next year.
  제 발표의 목적은 우리가 어떻게 시장에서 내년까지 15%에 도달 할 수 있는가를 보여 주는 것입니다.

- Give them your recommendation (unless you choose to hold your recommendation until the end of the presentation):
  청중들에게 당신이 권고하는 사항을 말하라.(만약 당신이 권고사항을 발표의 끝에 하겠다고 결정한 것이 아니라면)

- I recommend that we approve an immediate $50,000 budget transfer into R&D.
  저는 R&D에 $50,000의 예산을 즉각 지원해야 한다고 생각합니다.

In the opening, you must connect with the audience--you must make them one with you regarding both the content and the emotion. Otherwise, they will not pay attention, or worse--they will lose respect for you, the organization you represent, the product you're trying to sell, or your proposal.

시작 부분에서, 당신은 청중들이 내용과 분위기에서 일심동체가 되도록 연결해야 한다. 만약 그렇게 하지 못하면 청중들은 관심을 가지지 않을 것이며 또한 더 나쁘다면 그 조직에서의 당신의 존경도 혹은 당신이 팔고자 하는 물건 혹은 당신의 목적에 대한 존경을 잃게 될 수도 있다.

3.2 AGENDA

의제

Tell the major elements and the sequence of your presentation.

발표의 순서와 주요한 구성요소를 말하라.

- I'll first explain how that budget transfer would be used; then I'll highlight the benefits we could achieve with such a transfer. Finally, I'll be happy to answer any questions you have about my proposal.
  저는 먼저 운용된 예산이 어떻게 사용 할 것인가에 대해서 설명 할 것입니다. 그 다음에 예산 운용이 주는 효과에 초점을 맞출 것입니다. 마지막으로, 제 목표에 관한 어떤 질문이라도 즐겁게 답해 드릴 것입니다.

How many main elements should you include? Some years ago, a researcher named George Miller conducted a study to determine the short-term memory of the typical human brain. He gave people a number of items to memorize and analyzed the results. The average person was able to remember seven items; however, some of the study participants were able to remember as many as nine and some as few as five. Thus, we have George Miller's magical number seven--plus or minus two. (See George A. Miller, "The Magical Number Seven, plus or minus Two: Some Limits on Our Capacity for Processing Information," The Psychological Review 63: 81-97.)

얼마만큼의 주요 요소를 포함해야 하는가? 몇 년 전, George Miller 라는 사람이 전형적인 인간 두뇌가 얼마만큼 짧은 시간동안 기억하는지에 대한 연구를 했다. 그는 사람들에게 기억해야 할 사항들을 주고 결과를 분석했다. 평균적으로 사람들은 7개의 사항들을 기억할 수 있었다. 하지만, 몇몇의 참가자들은 최대 9개 그리고 다른 몇몇은 최소 5개를 기억 할 수 있었다. 그래서 우리는 George Miller의 이상적인 숫자 7(7 ± 2)을 알게 됐다.
* "이상적인 숫자 7(7 ± 2: 그러니까 5~9)"은 우리의 정보처리의 가능성을 제한한다.

Miller's research suggests that we ought not to go overboard in the amount of information we expect our audience to hold. Thus, we probably ought to limit our main points to a maximum of five, fewer if possible. If you start out with more than four or five items, combine some of them and reduce the number to a more reasonable number.

밀러의 연구는 청중들이 기억할 수 있는 정부의 양에서 벗어나면 안 된다는 것을 제시한다. 그러므로 우리는 주요 관점을 최대 5개 가능하다면 그것보다 적게 제한해야 한다. 만약 4개 혹은 5개 이상의 항목들로 시작했다면, 보다 이상적인 수로 조금 더 항목을 늘리거나 줄여야 한다.

3.3 BODY

본론

The body develops each of the major elements given in the agenda. Numerous approaches can be taken to develop major points: Statistics, examples, testimonials, cause and effect, comparisons, details, explanations, stories, metaphors, and others. A major concern you must have is to give the audience something they will remember. Because humans forget 90 percent of what they hear in a very short time, you must select a strategy that will give them something they won't soon forget. Be careful, however, to make sure the strategy is both unforgettable and effective, not just unforgettable.

본론은 일정에서 주어진 주요 요소들의 각 항목을 좀 더 자세히 설명한다. 주요 관점을 더 자세히 설명하기 위해 다양하게 접근 할 수 있다. 통계자료, 예, 증명, 인과관계, 비교, 구체적 사항, 설명, 이야기, 은유 그리고 다른 방법들. 특히 고려해야 할 사항은 청중들이 잘 기억 할 수 있도록 해야 한다는 것이다. 왜냐하면 사람들은 짧은 시간동안 들은 것에 관해서는 90%를 잊기 때문이다. 그러므로 당신은 청중들이 금방 잊지 않도록 전략을 잘 택해야 한다. 전략은 잊지 않게 하기 위함만이 아니라 효과적이어야 한다는 것을 주의하도록 해야 한다.

A person will remember information better if the following conditions are present:

제시되어 있는 조건들을 따른다면 정보를 더 잘 기억할 수 있을 것이다.

- The information is interesting
  정보가 재밌어야 한다.

- The information is attached to a vivid mental image
  정보는 생생한 감각적 이미지와 결부되어 있다.

- The information is important
  정보가 중요하다.

- The presentation has an immediate application
  발표가 즉각적으로 응용할 수 있는 것이다.

- The audience has prior knowledge about the subject
  청중들이 사전 지식을 가지고 있는 주제.

- The audience takes notes during the presentation
  발표가 진행되는 동안 메모를 한다.

Three examples of body content follow:
본론의 내용에 관한 세 가지 예

- Now let me explain the benefits of taking this action. This $50,000 cash infusion in the R&D budget would enable us to introduce the new product line by February 1, instead of by July 1. This would be in time for the February 15 international product show in Chicago, and I estimate that this added exposure would boost our annual sales by $1.4 million.
  이제 이 행동에 관한 이점을 설명해 드리겠습니다. R&D에서 $50,000의 예산을 용하면 우리의 새로운 생산라인을 7월 1일이 아닌 2월 1일에 소개 할 수 있을 것이다.이렇게 되면 2월 15일에 Chicago에서 열리는 국제적인 박람회와 마침 시간이 맞아 $1.4million의 이익을 볼 수 있다.

- A few years ago one of our competitors was slow in developing a product, thus missing the Chicago product show. As a result of missing this important public relations opportunity, they missed out on an estimated $3.5 million in sales the next year.
  몇 년 전 우리 회사의 경쟁사가 상품 개발을 게을리 해서 Chicago제품 박람회에 참가를 하지 못했다. 중요한 홍보 기회를 놓친 결과 그 회사는 다음 해에 약 $3.5million의 손실을 봤다.

• I think we can learn a lesson from the goose and the golden egg . . . , etc.

저는 거위와 황금 알을 통해 교훈을 얻을 수 있다고 생각 합니다....

Stories or metaphors, like this third example, can be especially useful in enhancing the audience's memories regarding your presentation.

이 세 가지 예와 같은 이야기나 은유는 당신의 발표에서 청중의 기억력을 향상시키는데 유용할 것이다.

3.4 CLOSING

결론

The closing part of the presentation provides an opportunity to repeat the major points of the presentation, to give conclusions and recommendations, and to answer questions. After a Q&A session, be sure to take charge and provide a final closing statement. Don't close weakly with something like, "Well, I guess there aren't any more questions, so I suppose that's it.“

발표의 결론 부분에서는 결론과 권고사항 그리고 질문에 대한 답을 주기 위해 주요한 사항들을 다시 말한다. Q&A(질의와 대답)시간을 가진 뒤에 결론을 맺을 것이다. 결론을 내릴때는 "제 생각에는 더 이상 질문이 없는 것 같고 이제 끝내겠습니다."와 같이 약하게 끝내지 마라.

• In summary, the budget transfer is feasible, the earlier product introduction is compatible with our current inventories, and the earlier entry into the marketplace is important for our profitability and market share. This proposal will enable us to swim farther upstream instead of just staying where we are. I recommend that you approve this recommendation and make it effective the first of next month. I'll now be happy to answer any questions you might have.

요컨대 예산전용이 가능하다는 뜻입니다. 제품을 조기 출품 하는 것은 현재 우리의 재고물품과 양립할 수 있으며 시장으로 조기 진입하는 것은 우리 수익성과 시장 점유율을 위해 중요합니다. 이 제안은 지금 우리가 안주해 있는 위치 대신에 더 먼 상류로 헤엄쳐 갈 수 있도록 만들 것입니다. 저는 여러분들이 이 제안을 다음 달 초에 효과적이라는 것을 입증하기를 권합니다. 이제 여러분들이 가지고 계신 의문점들에 대해 기쁜 마음으로 답해드리겠습니다.

Although most business presentations are of the extemporaneous type, two parts of the presentation should not be spontaneous--the beginning and the ending. Your presentations will be far more successful if you'll memorize (or almost memorize) these two critical parts. *Start strong and finish strong!*

대부분의 사업과 관련된 발표가 즉흥적 방식이라 할지라도 시작과 끝 두 부분에서는 무의식적으로 해서는 안 된다. 여러분이 이 두 부분을 외운다면 (거의 외우거나) 여러분의 발표는 보다 성공적인 것이 될 것이다. 시작을 강하게 하고 끝을 강하게 하라!

Because the audience members cannot see the text of your presentation, they are likely to forget much of what you have said and to lose their place in your presentation. Take the following actions to avoid these two problems.

왜냐하면 청중들은 여러분의 발표 지문을 볼 수 없다. 그들은 아마 당신이 말한 것의 대부분을 잊어버릴 것이고 여러분의 발표가 어디를 하고 있는지 모를 것이다. 이 두 가지 문제점을 피하기 위해 아래 행동을 취하라.

1. Give frequent summaries. An experienced speaker once said, *"Tell 'em what yer gonna tell 'em; tell 'em; and then tell 'em what ya told 'em."* Good advice!
   자주 요약해줘라. 한 노련한 발표자가 말하길, "그들에게 당신이 무엇을 말할 것인지 알려줘라; (본론을)얘기하고, 그러고 나서 당신이 말했던 것을 다시 말해줘라."
   - In summary, we're pretty well standing still in the market place, and we need some urgent action to give us a boost in sales.
     요약하면, "우리들은 시장에서 자리를 잘 잡고 있습니다. 하지만 판매를 증대시키기 위해서는 지금 곧바로 행동을 취할 필요가 있습니다."
2. Give frequent oral and nonverbal signals to remind the audience of your location in the speech.

당신이 말하는 것이 어떤 내용인지 청중들에게 상기시키기 위해 말뿐만 아니라 말이 아닌 신호도 자주 써라.

- Let me explain the three main reasons for this action. First, ... Second, ... And third, ... (Hold up one, two, and three fingers to complement the oral text.) With these three reasons in mind, let's now turn to the reactions we expect from our customers.

  세 가지 중점적인 이유를 설명 드리겠습니다. 첫째, . . . 둘째, ... 그리고 셋째, . . . (당신의 말을 보충하기 위해서 한개, 두개, 세 개 손가락을 들어 올려라.) 이 세 가지 이유를 염두에 두고, 기대할 수 있는 고객들의 반응에 대해 얘기해보도록 하겠습니다.

Also, you might consider having an outline of your speech visible throughout the speech. This can be printed on a large chart that the audience can see, printed on a handout given at the beginning of the presentation, or included on the top line of each slide in a slide show.

또한, 여러분이 발표하는 동안에 발표의 내용을 볼 수 있는 개요를 제공하는 것도 고려해 볼 수 있다. 청중들이 볼 수 있도록 큰 차트를 만들 수도 있고 발표 시작 부분 때 유인물을 나눠주거나 혹은 슬라이드 쇼(파워포인트..)의 슬라이드 상단에 주제를 적어 놓을 수도 있다.

This OABC format (opening, agenda, body, closing) can be used for formal as well as informal presentations, such as impromptu reports in a meeting and voice-mail messages. For example, you might leave a voice-mail message like the following:

이 OABC 형식은 비공식적인 발표뿐만 아니라 모임에서 즉각적인 보고를 해야 할 때나 음성 메일을 보낼 때와 같은 공식적인 상황에서도 쓰일 수 있다. 예를 들어, 여러분은 다음과 같이 음성 메일을 남길 수 있다.

- Stan, this is Sharon. About the Brady account, two items that need your attention. First, they're cutting back on their order. Second, Dave is working to find out why. Call him when you get this message so you can get up to date. Dave's number is 249-2449, again that's 249-2449. Thanks, Stan. Bye.

  Stan, 나 Sharon이야. Brady 회사에 관해 당신이 알아야 할 두 가지 사항이 있어. 첫 번째로,

그들이 주문을 삭감 했다는 것. 두 번째 사항은 Dave가 어떻게 된 것인지 이유를 알아보고 있다는 거야. 이 메시지를 받는 즉시 Dave에게 전화하면 최근의 상황을 알 수 있을 것이다. Dave의 전화번호는 249-2449다. 그럼 이만.

The message is short, well organized, and easy to follow. Consider the difference with many phone messages:

메시지가 짧지만 아주 잘 조직되어 있고 따르기 쉽다. 다른 메시지로 차이를 고려해보자:

• Hi, uh, Stan, uh, this is Sharon. Hey, I thought maybe I'd catch you in, but, uh, I guess I missed you this time. I wanted to talk with you and let you know that, uh, well, something's apparently gone wrong with the Brady account, and it seems like, uh, they're canceling part of their order. Not sure just why, but, uh, I guess we'll find out sooner or later. Hope it's not major. Anyway, uh, Dave has been assigned to, uh, do some snooping around to see if he can find anything out. So, um, if you'd like to try and reach him, that might be, um, a good idea. Thanks, I'll see ya', bye.

안녕 Stan 음. 난 Sharon이야. 이봐, 연락이 닿을 거라고 생각했는데, 음, 연락이 안 되는구나. 너랑 얘기하고 싶고 너에게 알려 줄 것이 있는데, 음, 있잖아, Brady 회사에 뭔가 문제가 있는 것 같아, 보기에 말이야, 음, 그들이 주문을 일부 취소했어. 왜 그런지는 모르겠어, 하지만, 음, 조만간 이유를 알 수 있을 것 같아. 어쨌든, 음, Dave가 맡아서, 음, 뭔가를 알아내려고 하고 있어. 그래서, 음, 연락을 취해 보라고, 가능하다면 말이야, 음, 좋은 생각이야. 고마워. 그럼 이만.

Callers have no excuse for this quality of message; it's wordy, disjointed, difficult to follow!

이러한 메시지에 관해서는 용인하지 않는다. 말이 많고, 뼈대가 없고, 무슨 말을 하는지 따라가기가 어렵다.

4. DELIVERY

전달

Delivery is what most people dread. Standing in front of a group to give an oral presentation seems to be one of the most frightening things we do in life. But this fear can be reduced with proper preparation and with experience. This section discusses voice, body, visual aids, room layout, time, questions & answers, and adaptation.

전달은 대부분이 불안해한다. 여러 사람 앞에 서서 구두 발표를 한다는 것은 우리 일생에서 가장 끔찍한 일 중의 하나일 것이다. 그러나 이러한 두려움도 적절한 준비를 하고 경험을 하면 덜어버릴 수 있다. 이번에는 목소리, 몸놀림, 시각 자료 이용, 방의 배치, 발표 시간, 질의 응답, 각색하기 등에 대해 알아본다.

4.1 VOICE

목소리

Your voice quality is affected by the pitch (high or low frequency), tone (the quality of the sound), rate (speed at which you speak), and volume (how loud you speak). No one pitch, tone, rate, and volume is right. Studies show, however, that a lower pitch is preferred to a high, squeaky pitch. Also, a rich tone from the throat, instead of nasal tone emanating from the nose, is preferred.

음질은 피치(고, 저 주파수)와 톤(소리의 질), 속도(말하는 빠르기), 음량(목소리의 크기) 등에 따라 영향을 받는다. 피치, 톤, 속도, 음량 등에 대한 정답은 없다. 그러나 연구결과에 의하면 낮은 피치가 높고 찍찍거리는 것 보다 낫고 목구멍으로부터 우러나는 풍부한 톤은 콧구멍에서 나오는 콧소리보다 낫다.

The rate and volume of your speech will vary according to what you are saying and to the circumstances in which you are speaking. In fact, voice variation is critical in delivery. No one likes to listen to a monotone voice with no fluctuation. Increase the volume for emphasis, slow down for articulation, raise the pitch at the end of a question (e.g., Are you sure?). Make sure your voice conveys energy and conviction.

목소리의 속도와 음량은 여러분이 말하는 주제와 장소의 환경에 따라 변한다. 사실, 음성의 변화는 전달에서 아주 중요하다. 변화 없이 단조로운 목소리를 듣기 좋아하는 사람은 없을 것이다. 강조를 하려면 목소리를 높이고 또록또록 하게 말하려고 속도를 느리게, 말미의 의문에는 피치를 올린다. 여러분의 목소리가 활력과 확신을 전하도록 확실히 하라.

4.2 BODY

몸 놀림

The most important body language comes from two sources-the face (especially the eye region) and the upper limbs (arms and hands). Appearance and movement area also important.

가장 중요한 바디 랭귀지는 얼굴(특히 눈 주위)과 상지(두 팔과 두 손)의 두 군데에서 나온다. 외양과 움직이는 범위도 중요하다.

4.3 EYES

눈

Be sure to maintain good eye contact with the audience. As needed, look at your *visual aid* for a second or two, but quickly return to your audience. Keep your eyes alive and active. Carry on a series of five-second conversations with individual audience members located throughout the room, not just those in front of you. Vary the path of your eyes, however. Don't repeatedly look to the right and then to the left and then back to the right, etc., as though you're watching a tennis match.

청중과 시선을 마주하도록 확실히 유지하라. 필요하다면 1~2초정도 시각 자료를 보지만 곧 청중에게로 눈을 돌려야 한다. 눈이 살아있고 활발해야 한다. 바로 앞에 있는 청중 말고 전 청중을 고루 5초정도 대화하는 동안 훑어보아야 한다. 그러나 청중을 보는 경로를 자주 바꾸어야 한다. 마치 테니스 시합을 보듯이 오른쪽에서 왼쪽으로 또 왼쪽에서 오른쪽으로 반복해서 보는 것은 않 좋다.

4.4 UPPER LIMBS

상지

Your arms and hands are vital in providing gestures to accompany your spoken message. Inexperienced speakers feel awkward in front of a group and don't know what to do with their hands. As a result, they clasp them in front of their body in fig-leaf fashion, fold their arms, put their hands in their pockets, put their fingertips together in a prayer-like fashion, or play with their rings or other jewelry. The following suggestions will help you become more comfortable with your hands:

팔과 손은 여러분이 하는 말에 부수되는 제스처를 제공하는데 불가결하다. 경험 없는 화자는 사람들 앞에서 어색하고 손을 어떻게 할지 모른다. 그래서 두 손을 잡고 앞을 가리거나 팔짱을 끼거나 호주머니에 넣거나 기도하는 모양으로 양 손가락을 맞잡거나 반지나 다른 보석을 만지작거리기도 한다. 손을 보다 편안하게 하려면 다음 제시가 도움이 될 것이다.

- When they're not being used for gesturing, just drop your hands to your sides (the neutral position). Another alternative is to return one hand to the waist area and drop the other hand to the side. In an informal situation, men may put one hand in a pocket.

  몸짓에 익숙하지 않으면 팔을 그대로 (자연스럽게) 내리면 된다. 다른 대안은 한손을 허리 정도로 올리고 다른 손은 내려두면 된다. 격식을 차리지 않는 상황이라면 남자는 한 손을 호주머니에 넣어도 된다.

- When you gesture, bring your hands above your waste line so they can convey more energy and can be seen. When you gesture, bring your hands above your

waste line so they can convey more energy and can be seen.
몸짓을 할 때 한 손을 허리 위로 올려서 활력을 전하고 잘 보이도록 한다.

- Make the gestures match the content. Get your hands and arms into the act. Improvement in sales could be accompanied by an upward sweep of the hand; a series of three items would be accompanied by one, two, and three fingers; reference to a personal experience might be accompanied by a brief touch to the upper chest. Avoid meaningless, empty gestures. During your practice sessions, overdo the gestures just to get yourself to relax and be more animated. Your gestures might seem awkward and forced at first, but continuous practice will make them more spontaneous and natural.
  몸짓을 내용과 맞추도록 한다. 손과 팔을 행동에 포함 시킨다. 매출액 증대는 손을 위로 그으며 하고, 연속해서 3가지를 언급할 땐 손가락을 하나, 둘, 셋 세며 하고, 개인의 경험을 언급할 때는 가슴을 가볍게 친다. 의미 없고 공허한 몸짓을 안 하는 게 좋다. 연습할 때는 몸짓을 과장해서 긴장을 늦추도록 하고 보다 생기발랄하게 해 보라. 여분의 몸짓은 처음엔 어색하고 억지스럽지만 계속 연습하면 보다 자발적이고 자연스럽게 된다.

4.5 APPEARANCE

외양

Appearance generally should be such that it is not noticed, because if it is noticed, it may detract from the presentation. Make sure you're well groomed. Dress comparable to or slightly more formally than that of the audience. Definitely avoid dressing more casually than the audience.

외양은 일반적으로 두드러지지 않아야 한다. 만약 너무 튀면 발표에 산만해 질 수 있기 때문이다. 잘 차려 입도록 하라. 청중보다 약간 더 공식적이게 입고 청중보다 더 캐주얼하게(격식 없이) 입어서는 안 된다.

4.6 MOVEMENT

움직임

Use the floor space effectively. Unless you're speaking from behind a podium, move toward the audience from time to time to add emphasis and to engage the audience more intimately in your presentation. However, don't wander aimlessly back and forth in front of the group. Also, don't shift your weight from one foot to the other repeatedly. Place your weight evenly on both feet.

마루 공간(발표자와 청중 간에 있는 공간)을 효과적으로 활용하라. 연단 뒤에서 말하는 것이 아니라면 가끔 강조할 때는 청중 쪽으로 다가가고 청중을 발표에 스스럼없이 끌어 들이도록 해야 한다. 그러나 목적 없이 청중의 앞뒤로 돌아다니지 마라. 계속해서 체중을 이 발 저 발로 옮기지 마라. 체중은 두발에 고루 두도록 한다.

4.7 VISUAL AIDS

시각자료 이용

You'll often use visual aids in a presentation; these can help hold the audience's attention and can help clarify important points. But remember, you are your most important visual. Use other visual aids to enhance your presentation, not to be *the center of attention* and draw the focus away from you.

발표에 시각 자료를 자주 이용한다. 이렇게 하면 청중의 주의를 끌 수 있고 중요 부분을 명료히 할 수 있다. 그러나 당신이 바로 가장 중요한 시각 자료임을 명심하라. 발표를 강화시키기 위해서 다른 시각 자료도 이용한다. 시각자료가 주목의 대상이 아니고, 당신으로부터 초점이 멀어지지 않도록 한다. *the center of attention 주목의 대상 *draw away from 떠나가다, 멀리 떨어지다.

Many audiovisual options are available to enhance oral presentations. Each option has its own advantages and disadvantages, and you should consider the relative strengths and weaknesses when considering which type of support to use.

구두 발표에 많은 시청각 자료를 이용할 수 있다. 각 조건 마다 나름대로의 장단점이 있다. 자료를 이용하려면 상대적인 장단점을 고려해야 한다.

The most common audiovisual aids in use today are as follows:
오늘날 사용되는 가장 일반적인 시청각 자료는 다음과 같다.

- Artifacts (actual objects, such as a specific product being marketed by a sales representative)
- Computer projected images (e.g., PowerPoint slide shows)
- Handouts (paper)
- Overhead projection
- Photographic slides
- Posters and flip charts

가공품(실제 물건, 판매원이 팔고 있는 특정 제품)
컴퓨터 투영물(파워포인트 슬라이드쇼)
유인물(종이)
영사기 / 사진 슬라이드 / 포스터와 괘도

In selecting which medium to use with a presentation, consider nine criteria.
발표에 어떤 매체를 쓸 것인지는 다음의 9가지 기준을 고려한다.

- *Visibility:* This factor is particularly important to remember when you present to large audiences. Everyone in the room must be able to see and read the visual aid. Also, consider room lighting requirements--some rooms cannot be darkened adequately for slides or computer projection (although computer projection technology is improving to the point that a darkened room is less important than in the past).
  가시성: 청중이 많을 때 기억하기에 가장 중요한 요인이다. 방안의 모든 청중이 다 보고 읽을 수 있도록 해야 한다. 또한 방의 조명 요구사항을 잘 고려해야한다. 사정에 따라서는 공간의 조명을 조정하기가 쉽지 않다. (최신 기기는 조명도가 높아 이런 문제가 중요하지 않기도 하다.)

- *Professional image:* To enhance the credibility of your presentation, make sure the media you use communicate professionalism and quality. Take the extra time to do a quality job in preparing all visuals. A home-made appearance will undermine your best attempts in other aspects of your presentation.

  전문 영상: 발표의 진실성을 강화하기 위해서 사용하는 매체가 프로정신과 품질을 보증하도록 해야 한다.모든 시각자료를 준비함에 있어서 품질에 많은 시간을 쏟아야 한다. 집에서 만든 자료는 발표의 다른 측면에서 최고의 시도를 약화시킨다.

- *Equipment availability:* Determine whether all the equipment is readily available both for creating and for showing or projecting the visual.

  장비의 가용성: 있는 장비가 자료를 만들고 보여주고 투사하는데 쓸 수 있는지 확인한다.

- *Reliability (reliance on power, tendency to fail):* Know the risks when you make a media selection. Computers are particularly prone to failure, but handouts are virtually foolproof. Use as reliable equipment as possible, and always make sure you have a backup system in case of technology failure.

  신뢰성(전력의 의지 정도, 정전 가능성): 매체를 선택할 때 위험을 알아야 한다. 컴퓨터는 고장나기 쉽다. 그러나 유인물은 누구나 만들 수 있다. 가능한 한 믿을 만한 장비를 사용한다. 기술적인 고장에 대비할 대체방안을 갖추어야 한다.

- *Intrusiveness:* Select media that will not interfere or compete with your presentation or with the audience's ability to see the materials you are showing.

  강요성: 발표에 방해되거나 청중의 수강 능력에 벗어난 매체를 선택해서는 안된다.

- *Portability (size, bulk):* Particularly if you have long distances to travel, portability is an important factor. In such cases, select media that are compact and easy to carry.

  휴대성(크기, 체적): 먼 곳을 여행한다면 휴대성은 중요한 요인이다. 그런 경우라면 작고 운반하기 쉬운 매체를 선택한다.

- *Cost:* Cost is a relative term, depending on the importance of the presentation. Spending $10,000 on media to win an $8 million contract can be considered a bargain. But even for critical presentations, cost will need to be kept as low as possible.

비용: 비용은 발표의 중요성에 따라 달라지는 상대적인 용어이다. 8백만 불의 계약을 따기 위해 1만 불을 지출하는 것은 생각해 보아야 한다. 아주 중요한 발표에도 가급적 비용은 적게 들여야 한다.

- *Ease of production (creation and updating):* Consider the difficulty of producing media, and be aware of the production capabilities of your organization when you make a media selection. Whenever practical, select media that are easy to produce and update.

  제작의 용이성(제작과 보정): 매체 제작의 어려움을 고려하라. 그리고 매체를 선택할 때 여러분의 조직에서 제작능력을 알아야 한다. 실제로 제작할 때는 제작과 보정(갱신)이 쉬운 것을 선택해야 한다.

- *Ease of use:* The basic guideline of simplicity applies in all aspects of communication. The more complex a medium is to use, the more likely your chance of encountering a problem.

  사용의 편이성: 모든 소통의 측면에는 기본적인 지침으로 단순함을 적용해야 한다. 매체가 사용하기에 복잡할수록 문제에 봉착할 가능성은 높다.

How do you integrate audio and visual aids into your speech? Here are seven important guidelines.

시청각 자료를 발표에 통합시키는 방법이 궁금하다면 7가지 지침을 제시한다.

1. Prepare professional looking visuals. Keep the same layout and format to achieve unity. Use plenty of white space. Keep the same page orientation (landscape or portrait). Use asymmetrical balance for better visual attraction. Create special effects with shading, rules, borders, drop caps, pictograms, arrows, etc. Use quality graphics and type.

전문적으로 보이는 시각자료를 준비한다. 통일성을 위해 같은 배치와 체재를 계속 사용하라. 매쪽을 똑 같이 하라(경관이나 작은 그림). 보다 나은 시각적 주목을 받기 위해 비대칭을 이용하라. 특수효과를 이용한다(음영, 자, 폭, 떨어지는 글자, 통계 도표, 화살표 등). 특성 있는 그래픽 매체와 형태를 이용하라.

2. Make sure everyone can see and read the visuals. This requires that the graphics be large enough for all to read and that the graphics be placed where all can see them without obstruction. Generally, use at least 18-point type for overhead transparencies. Keep the body text in the most readable font. Avoid illegible typefaces. Use contrast to improve access (e.g., italics, bold, color), but don't overdo contrast.

   누구나 시각자료를 보고 읽을 수 있도록 하라. 누구나가 보고 읽을 수 있도록 장해 없이 볼 수 있도록 위치하고 충분히 크게 해야 한다. 일반적으로 오버헤드 투명 필름(지금은 거의 안 씀)은 18 포인트 이상 큰 글자로 해야 한다. 본문은 누구나 일기 쉬운 폰트로 해야 한다. 읽기 어려운 서체는 피한다. 접근성을 높이기 위해 대조를 이용한다(이탤릭체, 두터운 글, 색). 그러나 너무 빈번하게 쓰면 안 된다.

3. Point to the specific part of a visual as you are discussing it. This can be done with your finger or with a mechanical or laser pointer. Glance briefly at the element to help draw the audience's eyes to it; then return your eyes to the audience.

   시각자료에서 설명하는 부분을 가리킨다. 손가락이나 기기, 레이저 포인터를 사용할 수 있다. 청중이 시각자료를 훑어 볼 수 있도록 함께 시각자료를 훑어본다. 그리고는 청중에 시선을 돌린다.

4. Interpret the visuals. After you point to the item you want the audience to look at, talk about it; e.g., "This line shows a four-fold increase in consumer demand since 1985."

   시각자료를 설명한다. 청중이 보도록 시각자료를 지적한 후 그것에 대해 설명한다. 예를 들면, "이 줄은 1985년 이래 소비자의 수요가 4배로 는 것을 보여줍니다."

5. Remove the visuals after you're finished discussing them. This may be done by turning off the projector or by actually setting aside the visuals so the audience cannot see them. But don't turn the projector off and on too often during a

presentation.
그것에 대한 토론을 마친 뒤에는 시각자료를 제거한다. 프로젝터를 끄거나 시각자료를 다른 곳으로 치우면 된다. 그러나 발표 중에는 프로젝터를 자주 껐다 켰다 하면 안 좋다.

6. When you have multiple visuals (e.g., many overhead transparencies), make sure you have a well-rehearsed method for taking off one visual and replacing it with the next one. Decide beforehand where your input and output piles will be.
여러 개의 시각 자료가 있으면 (예를 들어 오버헤드 투명필름) 하아 보고 다른 하나를 보여주기 쉽도록 배치해 둔다. 보여줄 것과 보고 난 것을 어디에 어떻게 둘지를 미리 결정한다.

7. If you use text-heavy handouts, distribute them at the end of your presentation. Otherwise, the audience will read them while you are presenting. At the beginning of your presentation, however, inform the audience that you'll be giving a handout when you conclude.
글자가 많은 유인물을 이용한다면 발표 후에 나눠준다. 안 그러면 청중이 발표 중에 그걸 읽는다. 발표를 시작할 때 결론을 말하고 나면 자료를 나눠주겠다고 말한다.

Handouts that can be read quickly or that proceed step by step with your presentation can safely be distributed as you begin. In such cases, tell the audience how they should use their handout during your presentation. In addition, you might occasionally remind them where they should be looking; e.g., "On page three of the handout, you can see . . . ."
빨리 읽을 수 있거나 발표 단계별로 진행할 유인물은 발표 전에 나눠줄 수도 있다. 그런 경우에는 청중들에게 발표할 때 그 유인물을 어떻게 활용하는지를 알려 준다. 또한, 가끔씩 유인물의 어디를 봐야 할지를 알려준다. "유인물 3쪽에 . . . .을 볼 수 있습니다."

When using audiovisual aids, go early to the presentation room and make sure they are working. Also, be prepared with backups in case of equipment failure. For example, if the slide projector fails, have transparencies or handouts as a backup. Apply the boy scout motto: "Be Prepared."

시청각자료를 이용할 때 발표장으로 미리 가서 기기가 잘 작동하는지 확인한다. 장비가 고장일 때의 복구방안도 강구한다. 예를 들어 슬라이드 투사기가 고장 나면 투명필름이나 유인물을 예비 자료로 준비한다. 보이스카우트의 좌우명은 "항상 준비하라" 이다.

4.8 ROOM LAYOUT

방 배치

Arrange the room furniture in the most effective layout. Arrange chairs so you have as few rows as possible--wider with fewer rows is better than deeper with more rows. Keeping a close proximity with the audience will keep them more involved with your presentation.

발표장의 가구를 가장 효과적으로 배치한다. 가능하면 행을 짧게 한다. 짧은 줄로 넓게 배열하면 긴 줄 몇 개보다 더 낫다. 청중들과 가까울수록 그들을 발표에 더 집중시킬 수 있다.

Also, arrange chairs, tripods, projectors, and other equipment so everyone can see both you and any visuals you use. Make sure projection equipment does not keep you from moving across the front of the room and interacting with the audience.

의자, 삼각대, 투사기, 다른 장비를 누구나 당신과 시각자료를 잘 볼 수 있도록 배치한다. 투사 장비가 방과 상호작용하는 청중의 앞에서 당신이 가로지르지 않도록 한다. (영상을 막지 않도록)

4.9 TIME

시간

Stay within your allotted time. *Few things are more annoying than speakers who drone on and on while the audience is tired and restless.* Make your point and then sit down! Three actions often cause many speakers to go overtime.

할당된 시간 내에 마치도록 한다. 청중이 지치고 웅성거리는 동안 계속해서 떠들어야 하는 것 보다 발표자를 더 성가시게 하는 일은 없다.

여러분의 요점을 말하고는 앉아라. 다음의 3가지 행동이 많은 발표자들에게 시간을 초과하게 한다.

1. Adding new information. Speakers often get new ideas while they're presenting. Unless you feel very strongly otherwise, stick with what you have prepared.
   새로운 정보를 추가한다. 발표자는 발표 중에 새로운 아이디어를 얻는 수가 있다. 강한 아이디어가 아니면 준비한 대로 하라

2. Taking too long at the beginning. At the beginning of a speech, you can get into trouble by thinking you've got plenty of time to give a little extra elaboration on a point or two. Then, before you know it, you've got two minutes left and you're only half way through the presentation. The closing, therefore, becomes rushed and ineffective. Keep things moving. Remember, you're better off running too short than running too long.
   시작할 때 너무 길게 한다. 발표 초기에 한 두 가지 여점에 너무 많은 시간을 써서 문제에 봉착하게 된다. 그러면 모르는 사이 2분 남았다는 것을 알게 된다. 시작에 발표의 반이 넘게 지나간 것이다. 그러므로 결론은 서두르다 효과가 없다. 정체하지 말고 흘러가야 한다. 너무 길게 하는 것 보단 차라리 너무 짧은 것이 낫다.

3. *Not preparing well.* Nothing takes the place of practice before a presentation. Prepare your speech and then give it several times, timing each section as you do. If the five sections of your speech take 3, 3, 4.5, 4, and 3 minutes (total of 17.5 minutes) and you have 20 minutes allotted to you, you're in good shape. But what happens if a preceding speaker takes too long and you're suddenly given only 12 minutes? No problem--just omit the 4-minute segment, plus 1.5 minutes of the introduction.
   잘 준비하지 않는다. 발표 전에 연습을 대신할만한 것도 없다. 할 말을 준비하고 몇 번 해 본다. 그리고 섹션별로 시간을 잰다. 발표에 5개 섹션이 있다고 치자. 각기 3,3,4.5, 4, 3분이 걸렸다면 합해서 17.5분이다. 그리고 20분을 할당 받았다면 잘 된 것 같다. 만약 진행자가 너무 시간을 많이 써서 당신에게 12분만 남았다면? 문제없다. 단지 4분 부분을 빼고 도입에 1.5분을 뺀다.

4.10 QUESTION-AND-ANSWER (Q&A) SESSIONS

질의응답 시간

If you're planning to invite questions from the audience, you have two basic alternatives--during your presentation or afterward. Tell your audience early which alternative you prefer. Taking questions during the presentation can be dangerous, because questions can easily get you off track. They can also take excessive time and prevent you from finishing your speech. In most cases, holding questions until the end is the better approach.
청중의 질문을 받을 계획이라면 발표 중에 받을 것인지, 발표 후에 받을 것인지의 두 가지 기본적인 대안을 준비한다. 청중들에게 발표 전에 어느 것이 좋은지 물어 보라. 발표 중에 질문을 받으면 위험해질 수 있다. 왜냐하면 질문 때문에 옆길로 샐 수 있기 때문이다. 질문에 시간이 많이 걸리고 발표를 제시간에 마치기도 쉽지 않다. 대부분의 경우 질문을 마지막에 하도록 하는 것이 나은 방법이다.

After you have given a strong ending to your presentation, invite questions from the audience. During this Q&A session, follow these guidelines:
발표에 강한 결론을 내려 끝낸 후에 청중의 질문을 받는다. 질의응답 시간에 다음 지침을 참고한다.

1. Make sure everyone has heard the question. If they haven't, repeat it.
   모두가 질문을 알아듣도록 한다. 못 알아들으면 반복한다.

2. Make sure you understand the question. If you're unsure, paraphrase for clarification. For example, "You're asking about the human aspect of this new program, is that it?"
   당신이 질문을 이해하도록 한다. 의미파악이 안되면 명료하게 하도록 되물어 본다. 예를 들어 "이 프로그램의 인간적 측면에 대해서 묻는 건가요? 맞나요?"

3. Look at the person who asked the question for the first few seconds of your response, and then talk to the rest of the audience for the remainder of your response (remember five-second conversations).

당신이 응답하고 나서 질문한 사람을 처음 몇 초간 바라본다. 그리고는 나머지 청중들의 반응을 살핀다. (5초간의 대화를 기억하라.)

4. At the conclusion of your answer, you might ask the questioner, "Did that answer your question?" or "Is that the information you were asking about?"
대답의 결론에서 질문자에게 물을 수도 있다. "질문에 답이 되나요?" "이 정보가 묻는 질문에 대한 답이 되나요?"

5. If you don't know the answer, admit it and write it down, along with the name and phone number of the questioner. Tell the questioner you'll find the information and call him or her with the answer. Then be sure to follow through.
답을 모르면 모른다 하고 질문자의 이름과 전화번호 등을 적으세요. 나중에 알아서 알려주겠다고 하고, 그러고는 그리 하시고.

6. If you have a hostile questioner, use the CARD technique. (C) Clarify the question. Use active listening to let the questioner get his or her views before the audience and to show you respect those views. (A) Acknowledge the importance of the person's concern. (R) Respond as tactfully as possible. Avoid hostility in yourself. Don't allow yourself to get pulled into the questioner's emotional battle. Keep cool. If disagreement still exists, you might add a statement like, "You might not agree with my views on this subject, but I hope I've explained them clearly enough for you to at least understand them." (D) Deflect the content to something that is related to the question but more positive. Then move on to the next question.
적의를 가진 질문자가 있으면 CARD기법을 이용한다. C: 질문을 명료히 한다. 질문자가 청중들 앞에서 그의 견해를 밝히도록 경청하고 당신이 그 견해를 존중한다는 것을 보여준다. A: 그 사람의 관심사가 중요함을 인정한다. R: 가능한 한 빈틈없이 응답한다. 적대감을 드러내지 않는다. 질문자와 감정적 싸움으로 번지지 않도록 한다. 냉정을 유지한다. 계속 불일치하면 이런 말을 한다. "이 주제에 대해 저의 견해에 동의하지 않을 수도 있습니다. 그러나 저는 적어도 귀하가 충분히 이해할 수 있도록 명료하게 설명했다고 봅니다." D: 그 질문과 관련된 다른 내용으로 비껴간다. 그러나 건설적으로 한다. 그리고는 다음 질문을 받는다.

7. As appropriate, use visuals to support your answers. These may be visuals you've

already used or new ones held in reserve for the Q&A session.

적절하게 대답을 지원할 시각자료를 활용한다. 이미 사용한 시각자료나 질의응답을 위해 준비한 자료도 된다.

8. Keep your answers concise. Clearly answer the question and then move on.

대답을 간결하게 한다. 대답을 명료히 하고 다른 질문으로 옮긴다.

When your allotted time has expired or when no more questions are asked, take a moment to give another strong closing and then sit down. You might give a summary or restate your major recommendation. Don't just say, "Well, I guess that's all the questions" and sit down.

»» 할당된 시간이 다 지나가거나 다른 질문이 더 없으면 다른 강한 맺음말을 하기 위해 잠깐 쉰다. 그리고는 앉는다. 간단한 요약이나 주요한 권고사항을 다시 언급해도 된다. 단지 "자, 이것이 모든 질문이라고 생각합니다."라고는 말하지 말고 앉는다.

4.11 ADAPTATION

수정(보완)

Many presentations require some adaptation and modification during the presentation. This adaptation can involve modifying the content, the presentation style, the length, or other aspects of the presentation. If you prepare well before the presentation, you'll be generally on target with your presentation. But even the most seasoned presenters have to adapt and modify as they encounter technology problems, unexpected time limitations, nonverbal audience messages, and so forth. Even while you're talking, you have to also be listening and watching, noting signs of misunderstanding, boredom, and fatigue. What do you do when you encounter such problems? Here are a few suggestions:

»» 많은 발표가 발표 중에 각색과 수정을 필요로 한다. 이 각색은 내용, 발표 형식, 길이, 그 밖의 다른 측면을 수정하는 것이 포함된다. 발표 전에 잘 준비하면 발표에 적중할 수 있다. 그러나

아주 숙련된 발표자들도 기술적인 문제, 예기치 못한 시간 제한, 말로 할 수 없는 청중의 메시지 등이 있으면 각색과 수정을 해야 한다. 심지어는 말하는 중에도 보고 듣고 오해, 권태, 피로의 신호를 알아차린다. 그러한 문제를 만나면 어떻게 하겠는가? 여기 몇 가지 제안을 한다.

Problem 문제	Possible Solution 해결책
Boredom 권태	•Get more energy and variety in your voice and gestures. 음성과 몸짓에 활력과 변화를 더 준다. •Ask a thought-provoking question, or ask the audience to share a personal experience related to the subject. 생각을 불러일으키는 질문을 한다. 청중에게 주제와 관련된 개인의 경험을 공유하도록 요구한다. •Tell an engaging story, joke, or humorous incident related to the subject. 주제와 관련된 매혹적인 이야기, 농담, 유머러스한 일 등을 이야기한다. •Switch to more interesting, engaging, and important information. 보다 흥미있고 매혹적이고 중요한 정보로 바꾼다. •Involve the audience in a small-group activity. 소집단 활동에 청중을 참여시킨다. •Display a visual aid or artifact. 시각자료와 유인물을 보여준다.
Disruptive behavior (whispering, etc.) 파괴적인 행동(야유 등)	•Move closer to the person. 사람들에게 가까이 다가간다. •Look at the person for a few seconds while you continue talking 계속 이야기하는 중에 몇 초 동안 그 사람을 바라본다. •Stop momentarily until the person stops talking. 그 사람이 이야기를 멈출 때까지 잠시 정지하고 기다린다. •Ask the person a question. 그 사람에게 질문을 한다.
Fatigue 피로	•Take a brief break and have the audience stand up and stretch. 잠시 멈추고 청중이 서서 몸을 젖히도록 한다. •Have the group participate in a small-group activity. 소집단 활동에 참여시킨다. •Cut the presentation short. 발표를 줄인다. •Move closer to the audience. 청중 가까이로 다가간다.
Misunderstanding 오해	•Give an example. 예를 든다. •Define misunderstood points or terms. 오해한 부분과 용어를 정의한다. •Use a metaphor. 은유법을 사용한다. •Use creative gestures. 창조적인 몸짓을 한다.
Equipment breakdown 장비의 파괴	•Have a backup plan (e.g., paper handouts). 복구 계획(종이 유인물)을 한다. •Take a moment to fix the problem (if it's a simple problem). 문제해결을 위해 잠깐 고친다. (간단한 문제) •Move on without the equipment, adapting the best way you can. 가능한 한 최선의 방법으로 장비 없이 진행한다.
Time reduction 시간 축소	•Eliminate less importance information or main points. 덜 중요한 부분이나 덜 중요한 요점은 생략한다.

Effective presenters don't just present; they are constantly taking in audience feedback and adapting to it as they move through their presentation.

효과적인 발표자는 단지 발표하는 것이 아니고, 지속적으로 청중의 피드백을 받고 그들이 발표하는 것처럼 빨려들게 한다.

5. PRESENTATION TIPS

발표 요령

Here are a few tips to consider when giving four major types of presentations.

4가지 주요한 형태의 발표를 할 때 고려해야될 요령을 제시한다.

5.1 INFORMATIVE PRESENTATIONS

정보를 제공하는 발표

Be sure to present informative speeches in both an interesting and a clear manner (so they can be easily understood and remembered).

정보를 제공하는 발표를 할 때는 흥미 있고 명료하게 해야 한다. (그래야 쉽게 이해하고 오래 기억한다.)

Organize your information logically (see Appendix A), usually in a top-down, general-to-specific hierarchy. Give an overview of the information at the beginning of the presentation. After the overview, give a clear agenda.

전반적으로 하향식으로, 일반적인 것에서 전문적인 계층으로 정보를 논리적으로 조직한다. 발표의 초기에 정보에 대한 개관을 설명한다. 그 후에 명료하게 의제를 전한다.

Remind the audience of the big picture as you move through the various smaller units of information, because people tend to forget what you've said earlier and focus on what you're saying at present. Remember that people have a limited capacity to think of a lot of information at once. Use repetition to help people remember and stay on track. Give a good summary, possibly by an audience member, at the end of the presentation.

여러 가지 작은 정보의 단위를 통하여 청중에게 큰 그림을 상기시킨다. 왜냐하면 사람들은 이전에 말한 것을 잘 잊는 경향이 있고 지금 말하는 것에 초점을 두기 때문이다. 사람들은 한꺼번에 많은 정보를 생각할 능력이 제한되어 있다는 것을 기억하라. 사람들이 기억하고 순조롭게 정리하도록 반복하라. 발표의 끝에 잘 요약해 주라. 가능하면 청중의 한 삶에게 시켜서 해도 된다.

Make your presentation interesting. Use visuals (text, graphics, photographs, videotapes, etc.), examples, models, stories, and metaphors to capture and hold audience attention. Give a handout to help the audience follow along with your presentation. Keep your presentation lively, moving. Don't let it drag. Watch your audience carefully and make appropriate adjustments in your presentation.

발표를 흥미롭게 하라. 청중의 주목을 잡고 유지하기 위해서는 시각자료 (글자, 도표, 사진, 동영상 등), 예시, 모형, 이야기, 은유를 이용하라. 청중이 발표를 따라가며 이해하기 위해서는 유인물을 제공한다. 발표를 생생하게 하고 감동시켜라. 질질 끌지 마라. 발표를 하면서 청중을 주의 깊게 관찰하여 적절한 조절을 한다.

Use nonverbal communication effectively--eye contact, facial expressions, gestures, and movement throughout available floor space.

말로 하지 않는 의사소통을 한다. (눈 맞춤, 얼굴 표현, 몸짓, 발표장을 움직이기 등)

Keep your presentation short and simple. Remember, less than 10 percent of what you say will be remembered. Don't speak too long. *The audience should not leave your presentation* wishing you had quit sooner.

발표를 짧고 간단하게 하라. 발표자가 말한 것의 10% 이하만 기억된다. 너무 오래 말하지 마라. 청중은 당신이 곧 끝내기를 바라면서 발표를 그냥 맡겨두지 않을 것이다.

Get feedback from the audience to ensure understanding. Give plenty of opportunities to ask questions, and be sure to listen carefully to the questions. Make sure your answers are satisfactory.

이해를 했는지 확실히 하기 위해서 청중으로부터 피드백을 받아라. 청중들에게 질문을 할 많은 기회를 주어라. 질문에 대한 답을 주의 깊게 들어라. 당신의 답이 만족하도록 하라.

5.2 PERSUASIVE PRESENTATIONS

설득하는 발표

For persuasive presentations, remember that you have the difficult task of changing people's minds. This is a much greater challenge than just presenting information. Consider the following tips.

설득하는 발표를 하기 위해서는 사람을 마음을 돌리기 위한 어려운 업무라는 것을 기억해야 한다. 이것은 정보를 제공하는 것 보다 훨씬 더 위대한 도전이다. 다음의 요령을 참고하라.

Understand what your audience understands and how they feel about the topic. Talk with a few audience members before you plan your presentation to help understand their problems, frustrations, needs, wants, and expectations in detail. This information will help you determine how much and what kind of information to present and learn whether you have a hostile, neutral, or receptive audience.

청중이 주제에 대해 어떻게 느끼고 이해했는가를 알아야 한다. 발표를 계획하기 전에 몇 사람의 청중들에게 이야기해서 그들의 문제, 갈등, 욕구, 결핍, 기대 등을 자세하게 이해한다. 이 정보는 청중들이 적대적인지, 중립적인지, 아니면 우호적인지를 알고 발표할 정보의 양과 종류를 결정하는데 도움을 주게 된다.

Establish credibility. Make sure the audience perceives you as being believable and trustworthy. If you lack these elements of credibility, do one of two things: (a) enhance your own credibility through increased study, experience, or interaction with the audience; or (b) have a credible person assist you in the presentation. Be objective in your evaluations; give opposing options or arguments if feasible and then tell why one is better.

신용의 확보. 청중들이 당신을 신뢰하고 믿을만하다고 생각토록 하라. 만약 당신이 이런 신용 요소가 결여되어 있다면 연구, 경험, 청중과의 상호작용을 통하여 당신의 신용을 쌓거나 발표 중에 믿을만한 사람이 당신을 돕도록 해야 한다. 당신의 평가를 객관적으로 하고 적절한 논쟁거리나 찬반의 토론거리를 주고 어느 것이 더 나은지를 설명한다.

Understand and focus on what motivates people: (a) Avoid negatives--e.g., a lawsuit, a higher price, a physical accident or injury; (b) obtain positives--e.g., better productivity, greater market share, improved reputation, better product quality, cheaper price; and (c) respond to emotions--e.g., anger, generosity, happiness, sadness, revenge. Understand what aspects of your presentation the audience will resist and what they will like. Emphasize the positives and minimize the negatives.

사람을 동기부여 시키는 것을 알고 그것에 초점을 두라. (a)부정적인 것을 피한다: 소송, 고가, 물리적 사고나 상해 등 (b) 긍정적인 것을 취한다: 나은 생산성, 대단한 시장 점유율, 나아진 평판, 좋아진 제품 품질 (c) 감정에 반응: 화, 관대함, 행복, 슬픔, 보복 등. 청중이 발표의 어느 측면에서 저항하고 좋아하는지를 이해한다. 긍정적인 것을 강화하고 부정적인 것을 최소화한다.

Emphasize how your ideas will benefit the audience. Give supporting evidence (e.g., personal experience, statistics, facts, and examples) to show how the audience will benefit from adopting your ideas. If you're dealing with a product, focus on benefits, not on features. For example, don't dwell on the physical characteristics of the buttons on your widget product; rather, focus on why they're important and how they help the audience. Present your information in an interesting way to capture and hold the audience's attention. Include stories, analogies, or metaphors creatively to make your ideas come to life.

당신의 아이디어가 청중들에게 어떻게 해서 효익이 되는지를 강조한다. 청중이 당신의 아이디어를 활용했을 때 어떻게 유익한지를 보여주는 증거(개인적인 경험, 통계, 사실, 예)를 제시한다. 만약 당신이 제품을 다룬다면 그 모습이 아니라 효익에 초점을 두어야 한다. 예를 들면, 기계제품의 버튼에 대한 물리적 특성이 아니라 그 것이 왜 중요하고 청중에게 어떤 도움을 주는지에 초점을 둔다. 여러분의 정보를 청중의 주목을 끌고 주의를 잡아두기 위해 흥미 있는 방법으로 제공해야 한다. 여러분의 아이디어가 활기를 띄게 이야기, 유추, 은유 등을 포함시킨다.

Sincerely care about your audience. Let your sincerity show by listening, trying to understand, acknowledging their concerns as being important, and helping them find solutions rather than just trying to push your product. If the audiences thinks you're too committed to your own ideas and not willing to accept any of theirs, they'll likely fight against your persuasion. Remember the old saying: *A man convinced against his will is of the same opinion still.* Be prepared to compromise as necessary to achieve your goals. Flexibility breeds flexibility. Think ahead of time what points you're willing to bend on and which ones you're not.

청중을 진심으로 돌본다. 당신의 제품을 밀어 넣으려 하지 말고 청중이 해결책을 찾도록 돕고 청중의 관심사가 중요한 것이라고 듣고, 이해하려 노력하고 인정함으로서 당신의 본 마음을 거짓 없이 드러내 보여야 한다. 만약 청중이 당신은 너무 자기 아이디어에만 치우쳐 있고 그들의 아이디어를 받아들이지 않을 것이라고 생각한다면 그들은 당신의 설득에 저항하게 될 것이다. 속담을 기억하라: **억지로 설득당한 사람은 결코 본래의 생각을 버린 것이 아니다.** 목표를 성취하기 위해 필요하다면 타협할 준비를 하라. 융통성은 융통성을 낳는다. 양보할 것과 해서는 안 될 것을 미리 생각해 둔다.

Connect emotionally with the audience--heart to heart. People are persuaded by people. Be passionate about your point of view, but not overly so. People can tell if you fake sincerity, so be genuine. Demonstrate that you truly believe in your message, and try to transfer the reasons for your emotions to your audience. Remember that humans are both rational and emotional creatures and that most decisions have emotional elements.

청중을 가슴과 가슴 – 정서적으로 연결한다. 당신의 관점에 열정을 가져라. 그러나 과하게 하면 안 된다. 사람들은 당신이 성실한 체 하면 말 할 수 있으니 진실하게 해야 한다. 당신의 메시지를 진정으로 믿는 다고 분명히 하고 당신의 감정을 청중에게 전하기 위해 노력한다. 인간은 이성적이고 감정적인 존재임을 기억하고 대부분의 결정은 감정적 요소에 의해 결정됨을 기억하라.

Don't rely on your equipment or visuals to persuade. Remember that YOU are the star of the show, not your multimedia.

설득하기 위해 장비나 시각자료에 의지하지 마라. 당신이 발표에서 멀티미디어(대중매체)가 아니라 주인공임을 기억하라.

5.3 TRAINING PRESENTATIONS

발표 훈련

Training requires you to inform, as well as persuade, and to get people to change their behavior. Much of organizational training fails to *take hold*. People attend the training sessions and then return to their work stations and continue doing their work in the same way as before. Effecting long-lasting change requires careful planning, execution, and follow up.

훈련은 사람의 행동을 변화시키도록 설득뿐만 아니라 정보를 제공하도록 요구한다. 많은 조직의 훈련은 **확립하는데** 실패한다. 사람들은 훈련에 참가하고 그들의 일터로 돌아가고 이전과 같은 방법으로 계속해서 그들의 일을 한다. 변화를 효과적으로 오래 지속하기 위해서는 주의 깊은 계획, 실천, 지속이 필요하다.

Determine the audience's current level of knowledge and skill. If they have a wide range of current knowledge or skill, acknowledge this at the beginning of the presentation and indicate at what level you'll be gearing your training. Perhaps involve more advanced audience members in the training process someway.

청중의 지식과 숙련의 수준을 확인한다. 현재 지식이아 기술의 수준이 다양하고 높다면 발표의 시작부터 이를 인정하고 훈련에 적용할 수준을 정한다. 아마 더 많은 청중이 훈련과정에 참여할 수 있다.

Convince the audience of their need for the training. Tell how it will help them achieve their own important objectives and help minimize risks and failures.

청중에게 훈련이 필요함을 확실히 한다. 이 훈련으로 어떻게 그들의 중요한 목적을 이루고 위험과 실패를 최소화하도록 돕는지 말한다.

Because many people are visual learners, use demonstrations and visuals (videos, illustrations, etc.) to demonstrate the new skill, technique, or procedure. You might choose to show both incorrect and correct applications and explain the consequences of the incorrect.

대부분의 사람들이 보고 배우는데 익숙하기에 신기술과 기법, 절차를 보여주기 위해 시범자와 시청각자료(비디오, 도해 등)를 이용한다. 바른 적용방법과 잘못된 적용방법 모두 보여주고 잘못된 적용방법의 결과도 설명한다.

Have the audience apply the training, and then give feedback on their application. People learn most and remember most by doing, not just by listening and watching. Use hands-on activities if at all possible.

청중이 훈련을 해보도록 하고 그 방법에 대해 교정해 준다. 사람들은 듣고 보며 배우는 것이 아니라 자꾸 해 봐야 배우고 기억한다. 만약 모두 다 가능하다면 실제 실습을 하도록 한다.

Give opportunity for the audience to ask questions. Establish a warm, open atmosphere so trainees will feel comfortable asking questions.

청중에게 질문할 기회를 준다. 질문하기에 편하도록 따뜻하고 개방적인 분위기를 만든다.

Use persuasion techniques to get the audience to apply the new training in their daily work.

일상생활에 새로 연습한 것을 적용하도록 설득 기법을 이용한다.

Follow up appropriately to ensure that the training is being used on a regular basis. Answer questions as needed, and give positive reinforcement to people who are applying their training in their daily work.

훈련이 규칙적으로 되도록 적절하게 지도한다. 필요하다면 질문에 답하고 일상 업무에 훈련받은 것을 적용하는 사람에겐 긍정적인 심리적 보상을 한다.

5.4 ENTERTAINING PRESENTATIONS

즐겁게 하는 발표

You might be called on to give a presentation that is largely entertainment oriented. At other times, you'll want elements of your informative, persuasive, or training presentation to include an element of entertainment. Here are a few tips to help.

유흥 같은 발표를 요청받을 수도 있다. 어떤 경우, 정보제공 발표, 설득, 훈련하는 발표 등에 유흥의 요소를 포함시킬 수도 있다. 몇 가지 요령을 제공한다.

Establish a light tone right at the beginning of your presentation. Perhaps start off with a related sure-fire joke that will get you into the presentation effectively. Make sure any joke you use will work. Nothing gets a presentation off to a worse start than telling a joke which no one laughs at.

발표를 시작할 때 바로 경쾌한 톤으로 시작한다. 발표를 효과적으로 이끌 빵 터지는 농담으로 시작해도 좋다. 어떤 농담도 어울릴 것이다. 아무도 웃지 않는 농담으로 시작하는 발표보다 더 못한 것은 없다.

Get your face into the act. Smile! Use voice variation and gestures for emphasis.

얼굴을 행동으로 보이세요. 웃으세요. 강조를 위해서 목소리를 바꾸고 몸짓을 합니다.

Tell humorous stories, analogies, or metaphors that have an exaggeration or other unexpected twist. Consider using an audience member as a character in a story, but be sure you don't offend. Practice, practice, practice to make sure your delivery of these items is flawless. Keep your own speech-resources file, and add to it every good joke, saying, and story you hear. Use jokes from published joke books, avoiding those that contain offensive language and content.

과장되었거나 예기치 못하게 꼬인 우스운 이야기나 유추나 은유를 말한다. 청중을 이야기의 주인공으로 할 수 있다. 그러나 불쾌감을 주지 않도록 해야 한다. 매끄럽게 이런 점들을 확실하게 전달하기 위해서는 연습하고 또 연습해야 한다. 자신의 연설 원고 파일을 만들어야 한다. 거기에다 자꾸 새로운 농담, 격언, 이야기 등을 수시로 추가한다. 공개된 농담 책에 있는 것을 이용하고 모욕적인 언어나 내용이 들어있는 농담은 피한다.

In all these different types of presentations, preparation is important. But reading the audience and making adjustments during the presentation is also important. Be sensitive to what the audience is telling you through their verbal and their nonverbal message, such as, "We're tired and ready to end."

이런 오든 종류의 발표에 가장 중요한 것은 준비하는 것이다. 그러나 발표 중에 청중을 읽고 조정을 하는 것도 중요하다. 청중이 말하는 것에 민감해야 한다. 말로 하거나 아니거나 간에... 예를 들면, 피곤해요, 마치면 좋겠는데...........

Also, after each presentation you give, take some time to evaluate your effectiveness. Determine what went well, what didn't go well, and why it didn't go well. Identify what you need to work on when you give your next presentation. Have a continuous-improvement program.

또한 각 발표 후에 발표의 효과를 평가하는 시간이 필요하다. 잘된 점과 잘못된 점을 결정하고 잘 못된 이유도 파악한다. 다음의 발표에 반영할 것을 확인하는 것이다. 계속해서 개선하는 프로그램을 운영한다.

6. GROUP PRESENTATIONS

집단 발표

Occasionally, you'll need to participate in a group presentation. The following guidelines will help your group give an effective presentation.

가끔, 집단 발표에 참여할 수가 있다. 다음의 지침은 효과적인 집단발표를 하도록 도울 것이다.

- Coordinate dress, presentation styles, and visuals so the entire presentation is in perfect harmony.
  옷, 발표스타일, 시청각 자료 등을 통일하라. 그러면 전 발표가 완벽히 조화를 이룬다.

- At the beginning of the presentation, introduce group members, their positions, and the part they'll play in the presentation. If possible, use names tags or some other method to help the audience remember the presenters' names and positions.
  발표의 시작 때에 발표자 전원의 위치와 맡은 일을 소개한다. 가능하다면 이름표를 달거나 다른 방법으로 청중이 발표자들의 이름이나 위치를 알도록 방법을 강구한다.

- Include frequent signals and transition statements. For example, each presenter could give an agenda of her or his part of the presentation, give that part of the presentation, give a micro summary, and then introduce the next speaker: "Marilyn will now discuss such and such." In fact, consider creating a visual aid of the presentation outline and have it visible (on a separate poster, handout, or side bar on other visuals) throughout the entire presentation.
  자주 신호나 전환에 대한 언급을 한다. 예를 들면, 각 발표자는 발표에서 자신이 맡은 의제를 밝힐 수 있고 맡은 발표를 하고 그 부분에 대한 요약을 하고 다음 발표자를 소개할 수 있다.

"메릴린이 이러저러한 발표를 하겠습니다." 사실, 발표의 개요에 대한 시각자료를 만드는 것에 주의를 기울이고 잘 보이도록 한다.(별개의 포스터, 유인물, 다른 시각자료의 사이드 바 등)

• Make sure all group members remain attentive throughout the presentation. Nonpresenters should watch the speaker attentively and avoid any actions that might distract the audience.

모든 발표자들은 발표의 전 과정을 주의 깊게 살펴야 한다. 발표 차례가 아닌 사람들은 발표자를 주의 깊게 보고 청중의 주의를 산만하게 할 어떤 행동도 해서는 안 된다.

• Have one person moderate the Q&A session. This person can then direct the question to the group member best qualified to respond.

한 사람이 질의응답 부분을 맡도록 한다. 이 사람은 질문이 오면 가장 잘 대답할 수 있는 사람에게 질문의 답을 하도록 할 수 있다.

• Rehearse, rehearse, rehearse. Make sure everyone knows what everyone else is going to do and how they're going to do it. Make sure the beginning and ending sections are given by effective presenters. Remember: start strong and finish strong.

시연, 시연, 또 시연하라. 누구라도 누가 무슨 일을 할 것인지 알고 있어야 하고 또 어떻게 할 것인지도 알아야 한다. 보다 효과적인 발표자가 시작과 마치는 부분을 하도록 한다. 기억하라: 시작은 강하게 마무리도 강하게.

Group presentations can be disasters if poorly planned; but they can also be tremendous successes when everything goes well. Wise, careful preparation and effective practice are the keys to success.

집단 발표는 준비가 부족하면 재앙이 될 수 있다. 그러나 참여자들이 잘 하면 대단힌 성공이 될 수도 있다. 현명하고 주의 깊게 준비하고 효과적으로 연습하는 것이 성공의 관건이다.

7. CONCLUSION

결론

This paper provides a number of tried-and-proven techniques for giving effective oral presentations. These are easy to read but can be difficult to remember and apply when you're nervously standing in front of an unfriendly audience. Years of practice, however, will help you become better and better in your presentation skills. A review of this paper each time you're called upon to speak will give you a good refresher course.

이 원고는 말로 하는 발표를 효과적으로 하기 위해 충분히 증명된 많은 기법을 제공한다. 이들은 읽기는 쉽지만 익숙하지 않은 청중들 앞에서 초조하게 서서 기억하고 적용하기는 어렵다. 그러나 수년간 연습하면 발표의 기술이 점점 더 좋아질 것이다. 발표를 요청받을 때마다 이 자료를 다시 훑어보면 좋은 복습이 될 것이다.

CHAPTER 12

WHY NOT?

학습목표

오랜 경험에 의하면 학생들이 질문을 잘 하지 않는다는 것을 알 수 있다. 토론식 강의를 진행하려해도 잘 참여하지 않는다. 초중고교 시절에 이러한 훈련이 잘 되지 않은 탓도 있겠지만 나서기를 꺼린다. 궁금하거나 의문이 생겨도 잘 묻지를 않는데 이것은 아주 잘못된 것이다. 자신을 갖고 모르는 것을 물어보는 것이 그렇게 힘이 드는지 모르겠다. 무엇을 모르는지, 무엇이 궁금한지를 정확하게 표현하는 것도 대단한 능력이다. 과감하게 용기를 내어 보자.

나는 어떠한 사람인지, 앞으로 어떻게 할 것인지, 이 글을 읽고 생각을 해 보시기 바랍니다.

WHY NOT?

There are students who have never asked a question in their entire academic career-from their kindergarten years to their graduation from college. And this probably holds true for more students than we think. (although we do not know whether they chose not to ask or could not bring themselves to ask) But if the teacher could explain everything clearly and all the students understood the material, there would be no need for questions in the first place.

유치원을 포함해서 대학을 졸업할 때까지 한 번도 질문을 해보지 못한 학생들이 있다. 아니 많을 것이다. (못한 것인지 안 한 것인지는 몰라도.) 선생님께서 설명을 잘 했거나 학생들이 잘 알아듣고 다 소화를 했다면 질문이 필요 없었을 것이다.

Don't students have things they're curious about?
Were they able to take in everything from lecture?
Are any of them frustrated because of something they don't fully comprehend?

학생들은 궁금한 것이 없을까?
선생님의 설명은 귀에 쏘옥 들어 왔는가?
궁금하거나 모르는 것이 있다면 답답하지는 않을까?

An accurate question demonstrates an understanding of the main point. And with solid knowledge of material, one can explain difficult concepts in simpler ways. Personally, when explaining concepts to my students, I find myself systematically re-establishing those knowledge.

정확한 질문은 문제의 핵심을 파악하고 있다는 것이고, 정확하게 알고 있으면 어려운 것도 쉽게 설명할 수 있다. 나는 학생들에게 설명을 하면서 내가 논리적인 체계를 수립하게 되는 경험을 한다.

A good leader does not give orders, but asks meaningful questions. And by meaningful, I mean questions that ask for more than just a yes or no answer. Additionally, the professor should try to grasp precisely what it is that the student does not understand, and pose a different question to guide the student in the right direction. In most cases, this method proves much more effective than merely giving a direct answer.

좋은 리더는 명령을 하는 것이 아니라 좋은 질문을 하는 리더다. 그것도 '예, 아니오'로 답하는 질문이 아닌 질문을 하는 것이다. 교수도 학생들의 질문에 정답을 대기보다 묻는 학생이 무엇을 모르는지 알고 그 막힌 부분을 풀어줄 실마리를 마치 힌트를 주듯이 되물어 보는 것이 효과적이다.

Sometimes I make empty threats with assignments when there are no questions during class. This possibility of homework usually prompts students to ask off-topic questions or questions just for questions' sake. In these situations, I reply with a question of my own, which results in an equivocation or withdrawal of the original question.

나는 수업시간에 질문이 없으면 숙제를 내겠다고 엄포를 놓기도 한다. 마지못해서 질문을 하거나 엉뚱한 질문을 하는 학생도 있다. 질문을 위한 질문을 하는 학생이 있으면 도로 되 물어본다. 그러면 얼버무리다가 거두어들인다.

Is silence really golden? Why do people not ask questions? Quite a few people cannot ask questions because they do not even know what it is that they don't understand. Unfortunately class tends to carry on unilaterally, but this is a waste of time. When a student does ask a question towards the end of class, he is often met with a wave of disapproval from his fellow classmates. And there are times when the point of the question is not clear. This is because the student has either misunderstood or focused on a minor aspect of the concept.

침묵은 금인가? 왜 (사람들이) 묻지 않는가? 상당수는 무얼 모르는지도 몰라서 묻지 못한다. 이런 경우는 대개 일방적인 수업이 진행되는데 이것은 시간 낭비다. 어떤 학생이 마칠 무렵에 질문을 하면 동료들의 비난을 받기도 한다. 질문의 요지를 파악하기 힘이 들 때도 있다. 초점을 잘 못 짚었거나 오해를 하고 있기 때문이다.

Many students who are loquacious amongst their peers become virtually silent in the classroom. Some people talk about Bill Gates or the President as if they were close acquaintances. And some people talk of the FTA, which has been maintaining a tug-of-war relationship between the Korea and the US, in the same manner. I personally do not know much about the FTA - of its outline, purpose, or issues surrounding the agreement. And because I do not understand its essence, I have never asked a question or said anything to support or oppose it. There are people who are as knowledgeable as doctors on health topics. The proverb that says Read more than five truckload of books and the saying that goes If you don't read everyday, you will get thorns in your mouth show apprehension for harmful things that people might say. To these people who know so much, I want to ask them how they became so. But I stop myself. Am I being too passive?

친구 간에 아는 척 떠드는 학생은 많아도 수업시간에는 정작 질문을 하지 않는다. 대통령이나 빌 게이츠와는 일면식도 없으면서 마치 옆집 사람이나 되는 것처럼 잘 알고 떠드는 사람이 많다. 한미 간에 팽팽한 줄다리기를 해 온 FTA(free trade agreement) 대해서도 그렇다. 나는 FTA의 윤곽이나 개요조차도 모르고 있다. 무엇이 쟁점인지도 잘 모른다. 본질을 모르기 때문에 한 번도 질문을 하거나 지지 또는 반대를 해본 적이 없다. 건강문제에 대해서도 지식이 의사 못지 않은 사람도 있다. '다섯 수레의 책을 읽으라' 하던 격언이나 '하루라도 책을 읽지 않으면 입에 가시가 돋을 것'이라고도 하니 사람의 입에서 나오는 것이 칼처럼 남을 해치는 것이 될까 봐 염려한다는 뜻이다. 그런 사람들에게는 어떻게 해서 그렇게 잘 아는지 묻고 싶기도 하지만 그러지를 못한다. 나는 소극적인가?

Do you truly understand? Or have you chosen to remain in your blissful state of ignorance? Talking without listening, asking, or researching... what is this but noise? Do you want to make yourself a trivial without progress?

당신은 정말 잘 아는가? 모르면서 알려고도 하지 않는 것은 아닌가? 묻지 않고 찾아보지도 않고 또 듣지도 않으면서 떠들기만 하면 소음공해가 아니고 무엇인가? 실력이 늘지 않아 별 볼일 없는 사람이 되어도 좋은가?

To students, to your children, or between peers and between husband and wife- rather than criticizing one other, ordering each another around, or acting like we know everything... why don't we try asking some questions?

자녀들에게, 부부간에, 동료 간에 또 학생들에게 시키고 지적하고 아는 체 떠들기보다 질문을 던져보면 어떨까?

Not the other way around, we can be improved through the questions, can't we?

우리는 답이 아니라 질문을 통하여 발전하는 것이다. 안 그런가요?

생각해 봅시다

대형 마트와 할인점 체인이 들어서서 재래시장과 구멍가게는 고사했다. 개인이 할 일이라고는 거의 없고 자본가가 돈을 거둬간다. 서민은 어떻게 살아야 할지 막막하다. 업계에서 1등이 시장의 절반을 가져간다. 2등이 나머지의 절반을 가져간다. 3등이 또 나머지의 절반을 가져간다면 1~3등이 전체의 87.5%(50 + 25 + 12.5)를 차지한다. 4등부터 나머지 모두가 남은 12.5%의 시장을 놓고 나누어 먹고 살아야 한다. 이 시장은 피 터지게 싸워야 하는 레드 오션(red ocean)이다. 이것이 부의 집중화를 설명하는 Power law 분포다. 이런 경쟁은 국내에서만 적용되는 것이 아니다. 세계를 하나의 시장으로 적용되는 룰이다. 어느 분야에서든지 1 ~ 3위에 들지 못하면 아무것도 가질 수 없다. 말단 공무원의 경쟁률이 100:1을 넘은지도 오래다.

보다 나은 미래, 보다 나은 생활을 위해서는 뾰족한 방법이 없다. 아껴 써서 종자돈을 만들어 굴려 나가는 방법이다. 메모하는 습관을 기르고 시간 관리의 요령을 익혀서 남다르게 효과적으로 사는 것 밖에 별다른 방법이 있겠는가? 질문을 하고 의문을 품고 문제를 파고들어 보자. 한 눈 팔고 게으름 피고 문제를 회피하다가는 낙오자가 되고 만다.

- 이 글을 읽고 어떤 느낌을 받았습니까?
- 당신은 문제의 본질을 찾아 스스로 의문을 갖고 파고들 수 있습니까?
- 안 된다면 그 이유는 무엇입니까?

CHAPTER 13

STAY FOOLISH, STAY HUNGRY

학습목표

여러분은 스티브 잡스가 누구인지 아는가요? 이 글은 애플 컴퓨터와 픽사 만화제작사의 회장이었던 스티브 잡스가 2005년 6월 12일에 행한 미국의 명문 사학인 스탠포드 대학교의 졸업식 연설문입니다. (This is the text of the commencement address by Steve Jobs, who was CEO of Apple Computer and of Pixar Animation Studios, delivered on June 12, 2005.) 이 글을 읽고 그냥 흘려버리지 않도록 당부합니다. 오래전의 글이지만 읽을수록 좋은 글이라는 생각을 갖게 합니다. 여러분의 생활에 신조를 삼을 그것이 무엇인지 찾아보도록 합니다.

I am honored to be with you today at your commencement from one of the finest universities in the world.

먼저 세계 최고의 명문으로 꼽히는 이곳에서 오늘 여러분들의 졸업식에 참석하게 된 것을 영광으로 생각합니다.

I never graduated from college. Truth be told, this is the closest I've ever gotten to a college graduation.

저는 대학을 졸업하지 못했습니다. 솔직하게 말해서 태어나서 대학교 졸업식을 이렇게 가까이서 보는 것은 처음이네요.

Today I want to tell you three stories from my life. That's it. No big deal. Just three stories.

오늘, 저는 여러분께 제가 살아오면서 겪었던 세 가지 이야기를 해볼까 합니다. 말 그대로요. 별로 대단한 이야기는 아니고요. 딱 세가지만요.

인생의 전기

The first story is about connecting the dots.

먼저, 인생의 전환점에 관한 이야기입니다.

I dropped out of Reed College after the first 6 months, but then stayed around as a drop-in for another 18 months or so before I really quit.

전 리드 칼리지에 입학한지 6개월 만에 자퇴했습니다. 그래도 일 년 반 정도는 도강을 듣다, 정말로 그만뒀습니다.

So why did I drop out?

왜 자퇴했을까요?

It started before I was born. My biological mother was a young, unwed college graduate student, and she decided to put me up for adoption.

그것은 제가 태어나기 전까지 거슬러 올라갑니다. 제 생모는 대학원생인 젊은 미혼모였습니다. 그래서 저를 입양보내기로 결심했던 거지요.

She felt very strongly that I should be adopted by college graduates, so everything was all set for me to be adopted at birth by a lawyer and his wife.

그녀는 제 미래를 생각해, 대학 정도는 졸업한 (교양 있는) 사람이 양부모가 되기를 원했습니다. 그래서 저는 태어나자마자 변호사 가정에 입양되기로 되어 있었습니다.

Except that when I popped out they decided at the last minute that they really wanted a girl.

그들은 여자 아이를 원했던 걸로 알고 있습니다.

So my parents, who were on a waiting list, got a call in the middle of the night asking:

그들 대신 대기자 명단에 있던 양부모님들은 한 밤 중에 걸려온 전화를 받고 :

"We have an unexpected baby boy; do you want him?"

"어떡하죠? 예정에 없던 사내아이가 태어났는데, 그래도 입양하실 건가요?"

They said: "Of course."

"물론이죠"

My biological mother later found out that my mother had never graduated from college and that my father had never graduated from high school. She refused to sign the final adoption papers.

그런데 알고 보니 양어머니는 대졸자도 아니었고, 양아버지는 고등학교도 졸업하지 못한 사람이어서 친어머니는 입양동의서 쓰기를 거부했습니다.

She only relented a few months later when my parents promised that I would someday go to college. And 17 years later I did go to college.

친어머니는 양부모님들이 저를 꼭 대학까지 보내주겠다고 약속한 후 몇 개월이 지나서야 화가 풀렸습니다. 그리고 17년 후, 저는 대학에 입학했습니다.

But I naively chose a college that was almost as expensive as Stanford, and all of my working-class parents' savings were being spent on my college tuition.

그러나 저는 멍청하게도 바로 이 곳, 스탠포드의 학비와 맞먹는 값비싼 학교를 선택했습니다.

평범한 노동자였던 부모님이 힘들게 모아뒀던 돈이 모두 제 학비로 들어갔습니다.

After six months, I couldn't see the value in it.

결국 6개월 후, 저는 대학 공부가 그만한 가치가 없다는 생각을 했습니다.

I had no idea what I wanted to do with my life and no idea how college was going to help me figure it out. And here I was spending all of the money my parents had saved their entire life. So I decided to drop out and trust that it would all work out OK.

내가 진정으로 인생에서 원하는 게 무엇인지, 그리고 대학교육이 그 것에 얼마나 어떻게 도움이 될지 판단할 수 없었습니다. 게다가 양부모님들이 평생토록 모은 재산이 전부 제 학비로 들어가고 있었습니다 그래서 모든 것이 다 잘 될 거라고 믿고 자퇴를 결심했습니다.

It was pretty scary at the time, but looking back it was one of the best decisions I ever made.

지금 뒤돌아보면 참으로 힘든 순간이었지만, 제 인생 최고의 결정 중 하나였던 것 같습니다.

The minute I dropped out I could stop taking the required classes that didn't interest me, and begin dropping in on the ones that looked interesting.

자퇴를 하니 평소에 흥미 없던 필수과목 대신 관심 있는 강의만 들을 수 있었습니다.

It wasn't all romantic. I didn't have a dorm room, so I slept on the floor in friends' rooms, I returned coke bottles for the 5 ¢ deposits to buy food with, and I would walk the 7 miles across town every Sunday night to get one good meal a week at the Hare Krishna temple.

그렇다고 꼭 낭만적인 것만도 아니었습니다. 전 기숙사에 머물 수 없었기 때문에 친구 집 마룻바닥에 자기도 했고, 한 병당 5센트씩 하는 코카콜라 빈병을 팔아서 먹을 것을 사기도 했습니다. 또 매주 일요일, 맛있는 음식을 먹기 위해 7마일이나 걸어서 헤어 크리슈나 사원의 예배에 참석하기도 했습니다.

I loved it. And much of what I stumbled into by following my curiosity and intuition turned out to be priceless later on.

맛있더군요. 당시 순전히 호기와 직감만을 믿고 저지른 일들이 후에 정말 값진 경험이 됐습니다.

Let me give you one example: Reed College at that time offered perhaps the best calligraphy instruction in the country. Throughout the campus every poster, every label on every drawer, was beautifully hand calligraphed.

예를 든다면 그 당시 리드 칼리지는 아마 미국 최고의 서체 교육을 제공했던 것 같습니다. 학교 곳곳에 붙어있는 포스터, 서랍에 붙어있는 상표들은 너무 아름다웠고요.

Because I had dropped out and didn't have to take the normal classes, I decided to take a calligraphy class to learn how to do this.

어차피 자퇴한 상황이라, 정규 과목을 들을 필요가 없었기 때문에 서체에 대해서 배워보기로 마음먹고 서체 수업을 들었습니다.

I learned about serif and san serif typefaces, about varying the amount of space between different letter combinations, about what makes great typography great.

그 때 저는 세리프와 '산 세리프'체를 배웠는데, 서로 다른 문자끼리 결합될 때 다양한 형태의 자간으로 만들어지는 굉장히 멋진 글씨체였습니다.

It was beautiful, historical, artistically subtle in a way that science can't capture, and I found it fascinating. None of this had even a hope of any practical application in my life.

'과학적'인 방식으로는 따라 하기 힘든 아름답고, 유서 깊고, 예술적인 것이었고, 전 그 것에 흠뻑 빠졌습니다. 사실, 이 때만해도 이런 것이 제 인생에 어떤 도움이 될지는 상상도 못했습니다.

But ten years later, when we were designing the first Macintosh computer, it all came back to me. And we designed it all into the Mac. It was the first computer with beautiful typography.

그러나 10년 후 우리가 매킨토시를 처음 구상할 때, 그 것들은 고스란히 빛을 발했습니다. 우리가 설계한 매킨토시에 그 기능을 모두 집어넣었으니까요. 아마 아름다운 서체를 가진 최초의 컴퓨터가 아니었나 생각합니다.

If I had never dropped in on that single course in college, the Mac would have never had multiple typefaces or proportionally spaced fonts. And since Windows just copied the Mac, its likely that no personal computer would have them.

만약 제가 그 서체 수업을 듣지 않았다면 매킨토시의 복수서체 기능이나 자동 자간 맞춤 기능은 없었을 것이고 맥을 따라한 윈도우도 그런 기능이 없었을 것이고, 결국 개인용 컴퓨터에는 이런 기능이 탑재될 수 없었을 겁니다.

If I had never dropped out, I would have never dropped in on this calligraphy class, and personal computers might not have the wonderful typography that they do.

만약 학교를 자퇴하지 않았다면, 서체 수업을 듣지 못했을 것이고 결국 개인용 컴퓨터가 오늘날처럼 뛰어난 인쇄술을 가질 수도 없었을 겁니다.

Of course it was impossible to connect the dots looking forward when I was in college. But it was very, very clear looking backwards ten years later.

물론 제가 대학에 있을 때는 그 순간들이 내 인생의 전환점이라는 것을 알아챌 수 없었습니다. 그러나 10년이 지난 지금에서야 모든 것이 분명하게 보입니다.

Again, you can't connect the dots looking forward; you can only connect them looking backwards. So you have to trust that the dots will somehow connect in your future.

달리 말하자면, 지금 여러분은 미래를 알 수 없습니다. 다만 현재와 과거의 사건들만을 연관시켜 볼 수 있을 뿐이죠. 그러므로 여러분들은 현재의 순간들이 미래에 어떤 식으로든지 연결된다는 걸 알아야만 합니다.

You have to trust in something - your gut, destiny, life, karma, whatever. This approach has never let me down, and it has made all the difference in my life.

여러분들은 자신의 배짱, 운명, 인생, 카르마(업보) 등 무엇이든지 간에 '그 무엇'에 믿음을 가져야만 합니다. 이런 믿음이 저를 실망시킨 적은 없습니다. 언제나 제 인생의 고비 때마다 힘이 되어줬습니다.

사랑과 상실

My second story is about love and loss.

두 번째 이야기는 사랑과 상실에 대한 것입니다.

I was lucky I found what I loved to do early in life.

저는 운 좋게도 인생에서 정말 하고 싶은 일을 일찍 발견했습니다.

Woz and I started Apple in my parents garage when I was 20.

제가 20살 때, 부모님의 차고에서 스티브 워즈니악과 함께 애플의 역사가 시작됐습니다.

We worked hard, and in 10 years Apple had grown from just the two of us in a garage into a $2 billion company with over 4000 employees.

차고에서 2명으로 시작한 애플은 10년 후에 4,000명의 종업원을 거느린 2백억 달러짜리 기업이 되었습니다.

We had just released our finest creation - the Macintosh - a year earlier, and I had just turned 30. And then I got fired. How can you get fired from a company you started?

제 나이 29살, 우리는 최고의 작품인 매킨토시를 출시했습니다. 그러나 이듬해 저는 해고당했습니다. 내가 세운 회사에서 내가 해고당하다니!

Well, as Apple grew we hired someone who I thought was very talented to run the company with me, and for the first year or so things went well.

당시, 애플이 점점 성장하면서, 저는 저와 잘 맞는 유능한 경영자를 데려와야겠다고 생각했습니다. 처음 1년은 그런대로 잘 돌아갔습니다.

But then our visions of the future began to diverge and eventually we had a falling out.

그런데 언젠가부터 우리의 비전은 서로 어긋나기 시작했고, 결국 우리 둘의 사이도 어긋나기 시작했습니다.

When we did, our Board of Directors sided with him. So at 30 I was out. And very publicly out.

이 때, 우리 회사의 경영진들은 존 스컬리의 편을 들었고, 저는 30살에 쫓겨나야만 했습니다. 그 것도 아주 공공연하게.

What had been the focus of my entire adult life was gone, and it was devastating. I really didn't know what to do for a few months.

저는 인생의 초점을 잃어버렸고, 뭐라 말할 수 없는 참담한 심정이었습니다. 전 정말 말 그대로, 몇 개월 동안 아무 것도 할 수가 없었답니다.

I felt that I had let the previous generation of entrepreneurs down - that I had dropped the baton as it was being passed to me. I met with David Packard and Bob Noyce and tried to apologize for screwing up so badly.

마치 달리기 계주에서 배턴을 놓친 선수처럼, 선배 벤처기업인들에게 송구스런 마음이 들었고 데이비드 패커드(HP의 공동 창업자)와 밥 노이스(인텔 공동 창업자)를 만나 이렇게 실패한 것에 대해 사과하려했습니다.

I was a very public failure, and I even thought about running away from the valley. But something slowly began to dawn on me ?

저는 완전히 '공공의 실패작'으로 전락했고, 실리콘 밸리에서 도망치고 싶었습니다. 그러나 제 맘속에는 뭔가가 천천히 다시 일어나기 시작했습니다.

I still loved what I did. The turn of events at Apple had not changed that one bit. I had been rejected, but I was still in love. And so I decided to start over.

전 여전히 제가 했던 일을 사랑했고, 애플에서 겪었던 일들조차도 그런 마음들을 꺾지 못했습니다. 전 해고당했지만, 여전히 일에 대한 사랑은 식지 않았습니다. 그래서 전 다시 시작하기로 결심했습니다.

I didn't see it then, but it turned out that getting fired from Apple was the best thing that could have ever happened to me.

당시에는 몰랐지만, 애플에서 해고당한 것은 제 인생 최고의 사건임을 깨닫게 됐습니다.

The heaviness of being successful was replaced by the lightness of being a beginner again, less sure about everything. It freed me to enter one of the most creative periods of my life.

그 사건으로 인해 저는 성공이란 중압감에서 벗어나서 초심자의 마음으로 돌아가 자유를 만끽하며, 내 인생의 최고의 창의력을 발휘하는 시기로 갈 수 있게 됐습니다.

During the next five years, I started a company named NeXT, another company named Pixar, and fell in love with an amazing woman who would become my wife.

이후 5년 동안 저는 '넥스트', '픽사', 그리고 지금 제 아내가 되어준 그녀와 사랑에 빠져버렸습니다.

Pixar went on to create the worlds first computer animated feature film, Toy Story, and is now the most successful animation studio in the world.

●● 픽사는 세계 최초의 3D 애니메이션 토이 스토리를 시작으로, 지금은 가장 성공한 애니메이션 제작사가 되었습니다.

In a remarkable turn of events, Apple bought NeXT, I retuned to Apple, and the technology we developed at NeXT is at the heart of Apple's current renaissance.

●● 세기의 사건으로 평가되는 애플의 넥스트 인수와 저의 애플로 복귀 후, 넥스트 시절 개발했던 기술들은 현재 애플의 르네상스에 중추적인 역할을 하고 있습니다.

And Laurene and I have a wonderful family together. I'm pretty sure none of this would have happened if I hadn't been fired from Apple.

●● 또한 로렌과 저는 행복한 가정을 꾸리고 있습니다. 애플에서 해고당하지 않았다면, 이런 엄청난 일들을 겪을 수도 없었을 것입니다

It was awful tasting medicine, but I guess the patient needed it. Sometimes life hits you in the head with a brick. Don't lose faith. I'm convinced that the only thing that kept me going was that I loved what I did.

●● 정말 독하고 쓰디 쓴 약이었지만, 이게 필요한 환자도 있는가봅니다. 때로 세상이 당신을 속일지라도, 결코 믿음을 잃지 마십쇼. 전 반드시 인생에서 해야할만한 일이 있었기에, 반드시 이겨낸다고 확신했습니다.

You've got to find what you love. And that is as true for your work as it is for your lovers. Your work is going to fill a large part of your life, and the only way to be truly satisfied is to do what you believe is great work.

●● 당신이 사랑하는 일을 찾아보세요. 사랑하는 사람이 내게 먼저 다가오지 않듯, 일도 그런 것이죠. '노동'은 인생의 대부분을 차지합니다. 그런 거대한 시간 속에서 진정한 기쁨을 누릴 수 있는 방법은 스스로가 위대한 일을 한다고 자부하는 것입니다.

And the only way to do great work is to love what you do.

●● 자신의 일을 위대하다고 자부할 수 있을 때는, 사랑하는 일을 하고 있는 그 순간뿐입니다.

If you haven't found it yet, keep looking. Don't settle. As with all matters of the heart, you'll know when you find it. And, like any great relationship, it just gets better and better as the years roll on. So keep looking until you find it. Don't settle.

•• 지금도 찾지 못했거나, 잘 모르겠다고 해도 주저앉지 말고 포기하지 마세요. 전심을 다하면 반드시 찾을 수 있습니다. 일단 한 번 찾아낸다면, 서로 사랑하는 연인들처럼 시간이 가면 갈수록 더욱 더 깊어질 것입니다. 그러니 그것들을 찾아낼 때까지 포기하지 마세요. 현실에 주저앉지 마세요.

E 죽음을 준비하며

My third story is about death.

•• 세 번째 이야기는 죽음에 관한 것입니다.

When I was 17, I read a quote that went something like:
"If you live each day as if it was your last, someday you'll most certainly be right."

•• 17살 때, 이런 문구를 읽은 적이 있습니다. 하루하루를 인생의 마지막 날처럼 산다면, 언젠가는 바른 길에 서 있을 것이다.

It made an impression on me, and since then, for the past 33 years! , I have looked in the mirror every morning and asked myself: "If today were the last day of my life, would I want to do what I am about to do today?"

•• 이 글에 감명 받은 저는 그 후 50살이 되도록 거울을 보면서 자신에게 묻곤 했습니다. 오늘이 내 인생의 마지막 날이라면, 지금 하려고 하는 일을 할 것인가?

And whenever the answer has been "No" for too many days in a row, I know I need to change something.

•• "아니오"라는 답이 계속 나온다면, 다른 것을 해야 한다는 걸 깨달았습니다.

Remembering that I'll be dead soon is the most important tool I've ever encountered to help me make the big choices in life.

인생의 중요한 순간마다 '곧 죽을지도 모른다'는 사실을 명심하는 것이 저에게는 가장 중요한 도구가 됩니다.

Because almost everything? all external expectations, all pride, all fear of embarrassment or failure - these things just fall away in the face of death, leaving only what is truly important.

왜냐고요? 외부의 기대, 각종 자부심과 자만심, 수치스러움과 실패에 대한 두려움들은 '죽음' 앞에서는 모두 밑으로 가라앉고, 오직 진실만이 남기 때문입니다.

Remembering that you are going to die is the best way I know to avoid the trap of thinking you have something to lose. You are already naked. There is no reason not to follow your heart.

죽음을 생각하는 것은 무엇을 잃을지도 모른다는 두려움에서 벗어나는 최고의 길입니다. 여러분들이 지금 모두 잃어버린 상태라면, 더 이상 잃을 것도 없기에 본능에 충실할 수밖에 없습니다.

About a year ago I was diagnosed with cancer.

저는 1년 전쯤 암 진단을 받았습니다.

I had a scan at 7:30 in the morning, and it clearly showed a tumor on my pancreas. I didn't even know what a pancreas was.

아침 7시 반에 검사를 받았는데, 이미 췌장에 종양이 있었습니다. 그 전까지는 췌장이란 게 뭔지도 몰랐는데요.

The doctors told me this was almost certainly a type of cancer that is incurable, and that I should expect to live no longer than three to six months.

의사들은 불치의 병이 확실하다 했고 길어야 3개월에서 6개월이라고 말했습니다.

My doctor advised me to go home and get my affairs in order, which is doctor's code for prepare to die.

주치의는 집으로 돌아가 신변정리를 하라고 했습니다. 죽음을 준비하라는 뜻이었죠.

It means to try to tell your kids everything you thought you'd have the next 10 years to tell them in just a few months. It means to make sure everything is buttoned up so that it will be as easy as possible for your family. It means to say your goodbyes.

그것은 내 아이들에게 10년 동안 해줄 수 있는 것을 단 몇 달 안에 다 해치워야 된다는 말이었고 임종 시에 사람들이 받을 충격이 덜하도록 매사를 정리하라는 말이었고 작별인사를 준비하라는 말이었습니다.

I lived with that diagnosis all day.

온종일 검사를 받았습니다.

Later that evening I had a biopsy, where they stuck an endoscope down my throat, through my stomach and into my intestines, put a needle into my pancreas and got a few cells from the tumor.

그 날 저녁 위장을 지나 장까지 내시경을 넣어서 암세포를 채취해 조직검사를 받았습니다.

I was sedated, but my wife, who was there, told me that when they viewed the cells under a microscope the doctors started crying because it turned out to be a very rare form of pancreatic cancer that is curable with surgery.

저는 마취상태였는데, 후에 아내가 말해주길, 현미경으로 세포를 분석한 결과 치료가 가능한 아주 희귀한 췌장암으로써, 의사들까지도 기뻐서 눈물을 글썽였다고 합니다.

I had the surgery and I'm fine now.

저는 수술을 받았고, 지금은 괜찮습니다.

This was the closest I've been to facing death, and I hope its the closest I get for a few more decades.

•• 그 때만큼 제가 죽음에 가까이 가 본 적은 없는 것 같습니다. 또한 앞으로도 수십 년간 더 가까이 가고 싶지 않습니다.

Having lived through it, I can now say this to you with a bit more certainty than when death was a useful but purely intellectual concept:

•• 이런 경험을 해보니, '죽음'이 때론 유용하단 것을 머리로만 알고 있을 때보다 더 정확하게 말할 수 있습니다.

No one wants to die. Even people who want to go to heaven don't want to die to get there.

•• 아무도 죽길 원하지 않습니다. 천국에 가고 싶다는 사람들조차도 죽는 건 원치 않습니다.

And yet death is the destination we all share. No one has ever escaped it. And that is as it should be, because Death is very likely the single best invention of Life.

•• 우리 모두는 언젠가는 다 죽을 것입니다. 아무도 피할 수 없죠. 삶이 만든 최고의 작품이 '죽음'이니까요.

It is Life's change agent. It clears out the old to make way for the new.

•• 죽음이란 삶의 또 다른 모습입니다. 죽음은 새로운 것이 헌 것을 대체할 수 있도록 만들어줍니다.

Right now the new is you, but someday not too long from now, you will gradually become the old and be cleared away. Sorry to be so dramatic, but it is quite true.

•• 지금의 여러분들은 '새로움'이란 자리에 서 있습니다. 그러나 언젠가는 여러분들도 새로운 세대들에게 그 자리를 물려 주어야할 것입니다. 너무 극적으로 들렸다면 죄송하지만, 사실이 그렇습니다.

Your time is limited, so don't waste it living someone else's life.

•• 여러분들의 삶은 제한되어 있습니다. 그러니 남의 인생을 산다고 자신의 삶을 낭비하지 마십시오.

Don't be trapped by dogma - which is living with the results of other people's thinking.

도그마-다른 사람들의 생각-에 얽매이지 마세요. *dogma: 독단

Don't let the noise of other's opinions drown out your own inner voice.

타인의 잡음이 당신 내면의 진정한 목소리를 방해하지 못하게 하세요.

And most important, have the courage to follow your heart and intuition.

그리고 가장 중요한 것은 마음과 직관을 따르는 용기를 가지는 것입니다.

They somehow already know what you truly want to become. Everything else is secondary.

이미 마음과 직관은 당신이 진정 되고 싶어 하는 것을 알고 있습니다. 나머지 것들은 부차적인 것이죠.

When I was young, there was an amazing publication called The Whole Earth Catalog, which was one of the bibles of my generation.

제가 어릴 때, 제 나이 또래라면 다 알만한 '지구 백과'란 대단한 책이 있었습니다.

It was created by a fellow named Stewart Brand not far from here in Menlo Park, and he brought it to life with his poetic touch.

여기서 그리 멀지 않은 먼로 파크에 사는 스튜어트 브랜드란 사람이 쓴 책인데, 시적 감각으로 쓴 책이었지요.

This was in the late 1960's, before personal computers and desktop publish- ing, so it was all made with typewriters, scissors, and polaroid cameras.

PC나 전자출판이 존재하기 전인 1960년대 후반이었기 때문에, 타자기, 가위, 폴라로이드로 그 책을 만들었습니다.

It was sort of like Google in paperback form, 35 years before Google came along:

35년 전의 책으로 된 구글이라고나 할까요.

It was idealistic, and overflowing with neat tools and great notions.

그 책은 위대한 의지와 아주 간단한 도구만으로 만들어진 역작이었습니다.

Stewart and his team put out several issues of The Whole Earth Catalog, and then when it had run its course, they put out a final issue. It was the mid-1970s, and I was your age.

스튜어트와 그의 친구들은 몇 번의 개정판을 내놓았고, 수명이 다할 때쯤엔 최종판을 내놓았습니다. 그 때가 70년대 중반, 제가 여러분 나이 때였죠.

On the back cover of their final issue was a photograph of an early morning country road, the kind you might find yourself hitchhiking on if you were so adventurous.

최종판의 뒤쪽 표지에는 이른 아침 시골길 사진이 있었는데, 아마 모험을 좋아하는 사람이라면 히치하이킹-엄지손가락을 들고 차를 유혹해서 빌려 타며 여행하는 것-을 하고 싶다는 생각이 들 정도였지요.

Beneath it were the words: "Stay Hungry. Stay Foolish."

그 사진 밑에는 이런 말이 있었습니다: 항상 갈구하고, 우직하게.

It was their farewell message as they signed off. Stay Hungry. Stay Foolish.

항상 갈구하고, 우직하게. 그것이 그들의 마지막 작별인사였습니다.

And I have always wished that for myself. And now, as you graduate to begin anew, I wish that for you.

저는 저 자신을 위해 언제나 이렇게 살고자 했고 이제 새로운 시작을 앞둔 여러분들도 (여러분의 분야에서) 이런 방법으로 가길 원합니다.

Stay Hungry. Stay Foolish. Thank you all very much.

항상 갈구하고, 우직하게. 여러분 대단히 감사합니다.

Stay Hungry. Stay Foolish

항상 갈구하고, 늘 우직하여라. (달리 말하자면 "항상 갈구하고, 어리석으리만큼 한결같이 한 일에 매진하라.")

스탠포드 대학에서 이 자료의 동영상을 봅니다. 자막이 있으니 편리할 것입니다.
또한 유투브에서도 볼 수 있습니다.

From http://news.stanford.edu/news/2005/june15/jobs-061505.html
https://www.youtube.com/watch?v=UF8uR6Z6KLc

생각해 봅시다

베이비부머 세대인 55~65년생이 은퇴를 하고 은퇴 후 생활을 한다. 이들에게 마땅한 일자리가 없어 노후 대책이 큰 사회문제가 되고 있다. 40대가 가장 많은 61년생이 2011년을 기점으로 감소하여 주택의 소유도 급감할 것이다. 출산율이 낮아 이미 주택의 수요는 줄어들었다. 물론 낡은 주택을 고치고 스마트 홈으로 장착한 집이 필요하겠지만 수요가 적어 주택시장은 매력적이지 않음을 알 수 있다. 게다가 거품이 잔뜩 끼인 주택가격 때문에 주택 구입을 포기한 서민들을 위한 임대 주택제도가 주택난을 해소할 것이다. 이러한 사실은 부동산에의 투자가 더 이상 매력적이지 않을 것임을 암시하는 것이다. 2018년에 일어날 '인구절벽'은 확실하고 인구감소는 가속화되어 국가위기가 올 수도 있다.

사회간접자본의 투자가 끝나면 건설업은 거의 할 일이 없어진다. 그러면 해외로 일거리를 찾아 나서야 한다. 이미 건설업은 해외로 나섰다. 호황이던 조선업도 해양 구조물로 옮겼다가 유가하락으로 다른 먹거리를 찾아야 한다. 조선업이 앞으로 얼마나 더 버틸는지는 아무도 모른다. 다만 기업이 늘어나도 일자리는 늘어나지 않을 것이라는 사실은 분명하다. 바로 자동화와 기계화(로봇) 때문이다.

서비스업은 사람의 손을 필요로 한다. 그래서 서비스업이 늘어나기를 바라지만 거기는 대부분 고도의 지식과 정보로 무장한 사람을 필요로 하는 분야이다. 교육, 금융, 의료, 법률, 컨설팅 등의 서비스가 바로 그런 분야이기 때문이다.

중후장대(重厚長大)한 제품이 경박단소(輕薄短小)해 지고, 더하여 여러 가지 기능을 통합한 융합 제품으로 바뀌는 파괴적인 혁신이 일어나고 있다. 녹음기, 카메라, 내비게이터, 전자지불시스템을 갖추고 혈압과 맥박을 측정하기도 하는 스마트폰은 많은 것을 하나로 흡수했다. 이로 인해 많은 일자리를 앗아갔다. 3D 프린터는 제조업의 미래를 현저하게 바꿀 것이다. 다른 분야에서도 이러한 일이 일어날 것이므로 혁신적인 변화에 어떻게 적응해야 할까 생각해야 한다.

- 이 글을 읽고 어떤 느낌을 받았습니까?
- 당신은 서비스업에 필요한 능력과 경쟁력을 가지고 있습니까?
- 안 그렇다면 그 이유는 무엇입니까?